초등학생을 위한 지식습관 ②
우주 30
SPACE

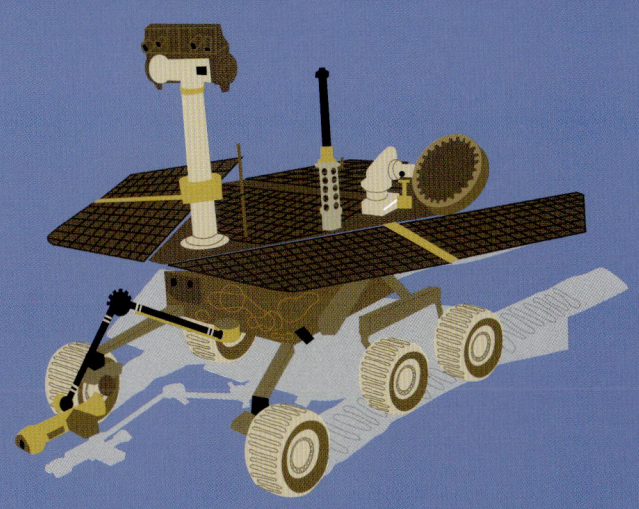

글 클라이브 기포드
과학 분야의 책을 전문으로 쓰는 작가로 여러 상을 받았다. 2016년에 영국 왕립 학술원(The Royal Society)의 〈Young People's Book Prize〉를 수상하기도 했다. 우리나라에 소개된 책으로 『100가지 놀라운 상식』, 『구글 어스 세계 여행』, 『과학 없는 과학』 등이 있다.

그림 톰 울리
브래드퍼드 대학교에서 전자 영상 시스템 및 미디어 커뮤니케이션을 공부하였으며, 국립 미디어 박물관에서 디자이너 겸 큐레이터로 일하였다. 지금은 프리랜서 일러스트레이터로 일하며 버밍엄에 살고 있다.

옮김 송지혜
부산대학교에서 분자생물학과 일어일문학을 전공하고, 고려대학교에서 과학언론학으로 석사학위를 받았다. 제1회 밀크T 창작동화 공모전에서 과학 동화 부문 은상을 수상했으며, 어린이를 위한 과학책을 쓰고 옮기는 일을 하고 있다. 쓴 책으로 『초등학생이 딱 알아야 할 첨단과학 상식 이야기』, 『자연을 담은 색, 색이 만든 세상』, 『디지털이 종이를 삼키면, 지구 온도는 내려갈까?』 등이 있고, 옮긴 책으로 『알기 쉬운 원소도감』, 『초등학생이 알아야 할 바다 100가지』, 『10대를 위한 최신 과학: 드론』 등이 있다.

감수 이정모
국립과천과학관 관장으로 연세대학교 생화학과를 졸업하고, 같은 학교 대학원에서 석사학위를 받았다. 서대문자연사박물관 관장, 서울시립과학관 관장으로 재직하였으며 2019년 과학의 대중화에 기여한 공로로 과학기술훈장 진보장을 받았다.
지은 책으로 『저도 과학은 어렵습니다만』, 『과학자를 울린 과학책』(공저), 『공생 멸종 진화』, 『바이블 사이언스』, 『달력과 권력』, 『그리스 로마 신화 사이언스』, 『삼국지 사이언스』(공저), 『과학하고 앉아 있네 1』(공저), 『해리포터 사이언스』(공저) 외 다수가 있고 옮긴 책으로 『인간 이력서』, 『매드 사이언스 북』, 『모두를 위한 물리학』 외 다수가 있다.

초등학생을 위한 지식습관 ②

우주 30
SPACE

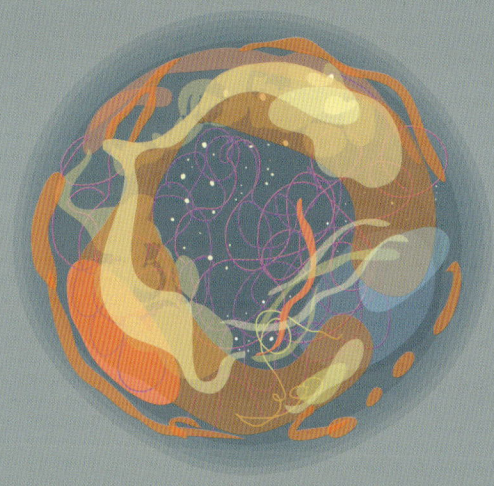

글 클라이브 기포드 | 그림 톰 울리 | 옮김 송지혜 | 감수 이정모

차례

우주에는 무엇이 있을까요? 6

빅뱅 8
1 우주의 탄생 12
2 팽창하는 우주 14
3 광년 16
4 우주 멸망설 18

별 20
5 별의 탄생 24
6 별의 종류 26
7 초신성 28
8 별의 죽음 30

태양과 내행성계 32
9 태양 36
10 수성 38
11 금성 40
12 지구와 달 42
13 화성 44
14 소행성과 왜소 행성 46

외행성계와 혜성 48
15 목성 52
16 토성 54
17 천왕성과 해왕성 56
18 혜성 58

태양계 너머 60
19 은하수 64
20 은하 66
21 블랙홀 68
22 외계인은 진짜 있을까? 70

우주 관찰하기 72
23 광학 망원경 76
24 전파 망원경 78
25 우주 망원경 80
26 로켓 82
27 무인 우주 탐사선 84
28 무중력 상태 86
29 우주복 88
30 국제 우주정거장 90

지식 플러스
우주 개척의 새로운 기록들 92

우주에는 무엇이 있을까요?

우리가 주변의 것들에 대해 이야기할 때, 사실은 바로 우주에 관해 이야기하고 있는 거랍니다. 우주는 우리가 만지고 느끼고 측정하고 탐지할 수 있는 모든 것을 포함합니다. 생물, 행성, 별, 먼 지구름 그리고 이들 사이의 공간도 모두 우주에 속합니다.

우주는 어마어마하게 넓기 때문에 사람이 직접 탐험하는 것은 거의 불가능합니다. 하지만 지난 100년 동안 천문학자들과 과학자들은 우주에 관해 많은 것을 알게 됐습니다. 과학 장비가 크게 발전하여 별이나 블랙홀과 같이 멀리 떨어진 천체를 연구할 수 있게 되었기 때문입니다.

행성과 위성, 그리고 지구와 가까운 천체들을 찾기 위해 과학자들은 우주 탐사선을 우주로 쏘아 올렸습니다. 2012년 8월에는 큐리오시티, 2021년 2월에는 퍼서비어런스라는 화성 탐사 로버가 발사되어 화성에 착륙했습니다. 로버는 자동차 크기의 로봇으로, 직접 화성을 돌아다니며 화성을 탐사하고 자료와 사진을 지구로 보내는 일을 합니다.

이 책은 우주와 관련된 기본 지식들을 한눈에 읽고 빠르게 이해할 수 있도록 구성하였습니다. 각 장에서 우주의 시작과 끝, 별과 별의 종류, 태양계를 이루는 태양과 행성, 은하, 우주를 연구하는 방법 등을 설명합니다. 실험을 통해 지구에 있는 우리 집에서 우주의 원리를 발견할 수도 있습니다.

빅뱅

수세기 동안 사람들은 밤하늘을 바라보며 우주가 어떻게 탄생했는지, 어떤 모양인지, 얼마나 거대한지 궁금하게 생각했습니다. 그동안 우주의 시작을 설명하는 다양한 이론이 나왔습니다. 현재 대부분의 천문학자는 빅뱅 이론을 믿고 있습니다. 그러나 먼 미래에 우주가 어떻게 끝날 것인지에 관해서는 아직 과학자들의 의견이 하나로 모이지 않고 있습니다.

빅뱅
읽기 전에 알아두기

광년 빛이 1년 동안 나아가는 거리.

국부 은하군 우리은하가 속해 있는 은하군.

망원경 멀리 떨어진 물체를 크게 관찰할 수 있도록 만든 과학 기구. 빛이나(광학 망원경) 우주에서 오는 전파를 모아 준다(전파 망원경).

물질 우주에서 질량과 부피를 가지는 모든 존재.

밀도 일정한 부피의 무거운 정도. 밀도가 크면 아주 적은 양이라도 아주 무겁다.

빅 립 우주 종말론 가운데 하나. 우주가 점점 팽창하다 찢어질 것이라고 주장한다.

빅뱅 우주의 탄생과 진화에 관한 이론. 대폭발 이론으로도 불리며, 많은 과학자가 빅뱅설을 믿고 있다.

빅 칠 우주 종말론 가운데 하나. 모든 별이 점점 사라져 없어질 것이라고 주장한다.

빅 크런치 우주 종말론 가운데 하나. 우주가 하나의 점으로 수축할 것이라고 주장한다.

암흑 에너지 과학자들이 우주의 70% 이상을 차지한다고 추정하는 에너지의 한 종류. 하지만 아직 그 정체는 정확히 알려지지 않았다.

우주 모든 공간과 그 안에 있는 모든 것. 지구, 행성, 별을 모두 포함한다.

원소 한 종류의 원자로만 이루어진 단순한 화학 물질. 이것은 더 이상 작은 물질로 분해할 수 없다.

원자 원소의 성질을 가지는 가장 작은 단위. 화학 반응을 일으킬 수 있다.

원자핵 원자의 중심 부분. 질량의 대부분을 차지한다.

은하 별, 먼지 그리고 가스 구름이 모여 있는 곳. 행성도 있다. 우리은하는 은하수라고도 부르며, 이곳에는 태양과 행성, 그 밖의 다른 별들이 많이 있다. 망원경 없이 눈으로 볼 수 있는 별들은 모두 우리은하에 속해 있다.

중력 우주의 천체들이 서로 끌어당기는 힘. 지구에서는 중심 방향으로 끌어당기기 때문에 물체가 땅으로 떨어진다.

질량 어떤 물체를 이루는 물질의 양.

천문학자 태양, 달, 별, 행성 그리고 우주 전체를 연구하는 과학자.

태양계 태양과 그 주위를 도는 모든 행성과 천체.

팽창 부피가 커지는 현상.

한눈에 보는 지식
1 우주의 탄생

우주는 이 세상에 존재하는 모든 것입니다. 우주는 놀라울 정도로 엄청나게 큽니다. 여러분이 상상할 수 있는 가장 큰 것의 수억 배를 곱해도 실제 우주의 크기와는 비교도 되지 않습니다.

우주를 연구하는 과학자들은 빅뱅을 통해 우주가 어떻게 탄생하고 진화했는지 설명합니다.

빅뱅은 '대폭발'이라는 뜻입니다. 하지만 단순한 폭발을 말하는 것은 아닙니다. 아주 작은 하나의 점이 아주 짧은 찰나의 순간에 엄청나게 빠른 속도로 팽창한 것입니다. 이때 우주, 에너지, 물질 등 우주에 있는 모든 것들이 탄생했습니다. 중력과 같은 힘이나 시간도 생겨났습니다. 그래서 빅뱅 '이전'이라는 것은 없습니다. 이해하기 어렵지만요!

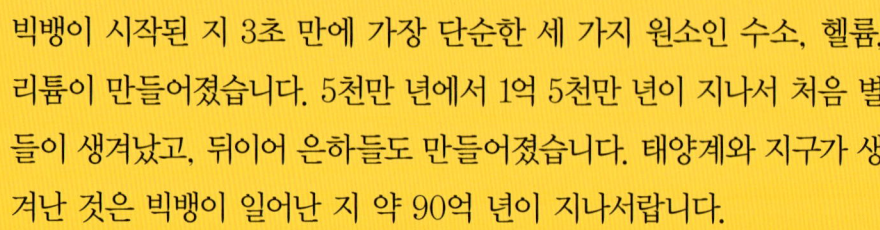

빅뱅이 시작된 지 3초 만에 가장 단순한 세 가지 원소인 수소, 헬륨, 리튬이 만들어졌습니다. 5천만 년에서 1억 5천만 년이 지나서 처음 별들이 생겨났고, 뒤이어 은하들도 만들어졌습니다. 태양계와 지구가 생겨난 것은 빅뱅이 일어난 지 약 90억 년이 지나서랍니다.

우주는 몇 살일까요?

우주 나이는 137억 살입니다. 우주의 나이가 얼마나 많은지 우주의 나이를 지구의 1년으로 줄여서 상상해 볼까요?

- 빅뱅은 1월 1일이 되자마자 1초 이내에 일어났습니다.
- 지구는 9월에 생겨났고, 공룡은 12월 24일에 맨 처음 나타났습니다.
- 인간은 12월 31일 저녁 늦게야 태어났습니다. 고대 로마인은 12월 31일 밤 12시가 되기 4초 전에 모습을 드러냈습니다.

한줄 요약
빅뱅과 함께 우주가 시작됐습니다.

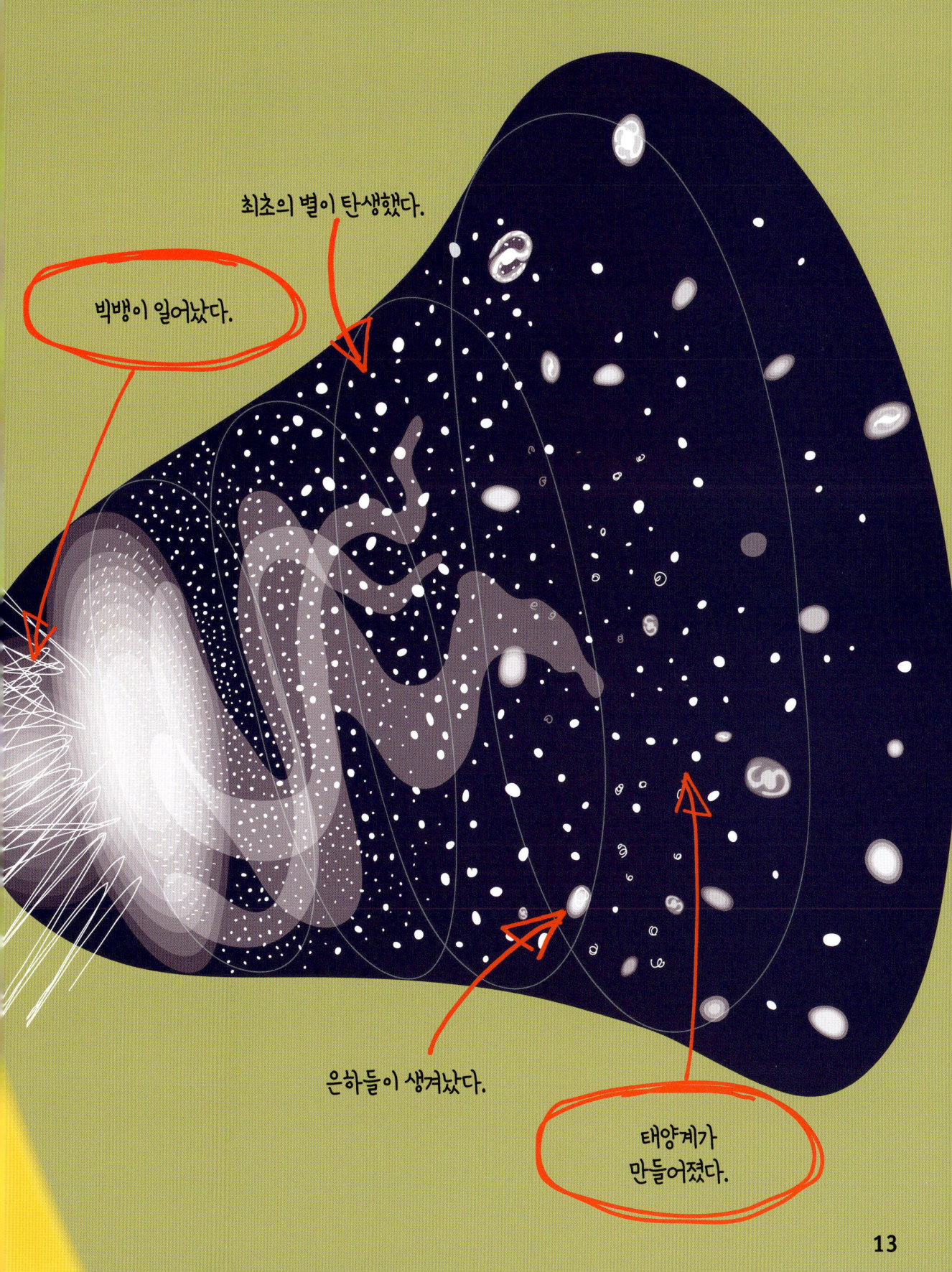

한눈에 보는 지식
2 팽창하는 우주

빅뱅이 일어난 뒤, 우주는 계속 팽창했습니다. 그리고 지금도 계속 팽창하고 있지요. 과학자들은 이 사실을 어떻게 알아냈을까요?

1929년에 천문학자 에드윈 허블은 당시 세계에서 가장 큰 망원경으로 은하를 관찰했습니다. 그리고 은하군들이 서로 멀어지고 있다는 사실을 발견했습니다.

<u>빵 반죽에 박혀 있는 건포도를 은하군이라고 상상해 보세요. 반죽이 부풀어 오르면 건포도 사이도 점점 멀어집니다. 이처럼 우리은하가 속해 있는 국부 은하군과 멀리 떨어진 다른 은하군들 사이도 점점 멀어지고 있습니다. 그리고 서로 멀어질수록 그 속도는 더욱 빨라집니다.</u>

1990년대 과학자들은 우주가 일정한 속도로 팽창하는 것이 아니라, 점점 빠르게 팽창한다는 사실을 알아냈습니다. 많은 과학자들은 우주의 70% 이상을 차지하는 암흑 에너지 때문에 우주가 팽창하는 속도가 빨라진다고 생각합니다. 하지만 암흑 에너지가 정확하게 무엇인지는 밝혀내지 못했습니다.

한줄요약
우주는 빠른 속도로 팽창하고 있습니다!

팽창하는 우주 만들기

준비물 풍선, 매직펜

실험 방법

① 풍선에 바람을 조금 불어넣고, 공기가 빠져나오지 않도록 끝부분을 집게로 집습니다.

② 풍선 위에 매직펜으로 열 개의 소용돌이 모양을 그립니다. 각각의 소용돌이는 은하군을 가리킵니다. 우리은하 위에는 '우'라고 씁니다.

③ 다시 풍선을 불어 최대 크기의 3분의 2 정도까지 부풀리고 소용돌이 사이의 거리가 어떻게 달라졌는지 살펴보세요.

④ 이제 풍선을 최대한 크게 불어서 다시 거리가 멀어진 것을 확인해 보세요.

→ 소용돌이는 풍선 위를 움직이는 것이 아니라, 풍선이 커짐에 따라 점점 거리가 멀어질 뿐입니다. 우주도 풍선처럼 팽창합니다.

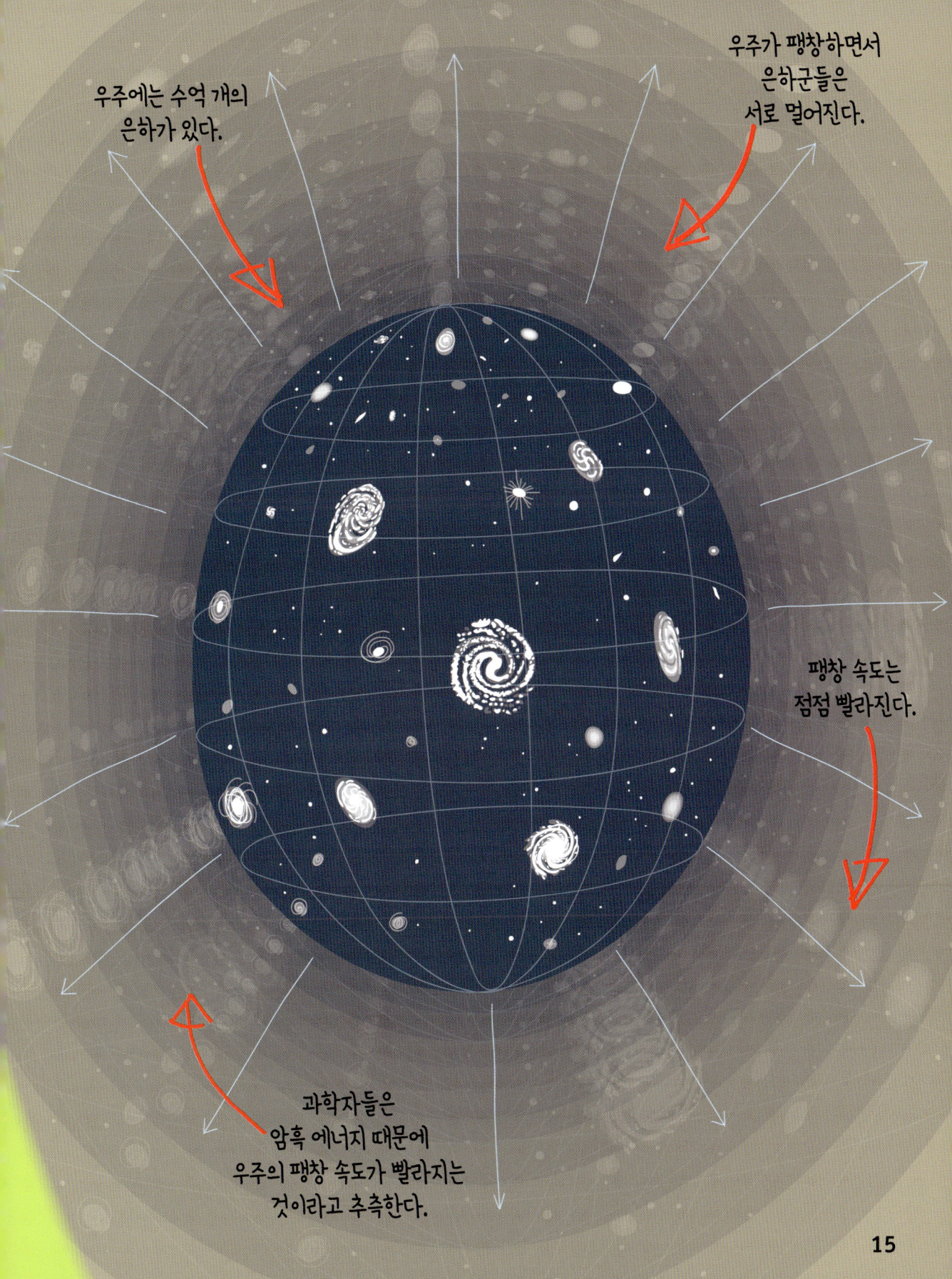

한눈에 보는 지식
3 광년

광년이란 우주 공간에서 천체 사이의 거리를 측정하는 단위입니다. 빛은 1초에 29만 9,792km를 이동하는데, 놀랍게도 이는 1년에 9,460,730,472,580km 즉, 약 9조 4,000억 km나 이동하는 속도입니다.

따라서 1광년은 약 9조 4,000억 km입니다.

광년이라는 단위를 사용해야 하는 이유는 무엇일까요? 우주는 엄청나게 크고, 천체들 사이의 거리가 아주 멀어서 km 같은 단위로 나타내기는 불편합니다.

예를 들어, 가장 가까운 은하인 안드로메다는 21,000,000,000,000,000,000km, 즉 2,100경 km나 떨어져 있습니다. 정말 어마어마하지요?

엄청나게 큰 숫자는 바로 이해하기 쉽지 않습니다. 그래서 천문학자들은 km 대신 광년을 써서 안드로메다는 230만 광년 떨어져 있다고 말한답니다.

사람이 1년 동안 움직이는 거리는?

우리가 1년 동안 가장 빠른 속도로 달린다면 얼마나 멀리 이동할 수 있는지 알아봅니다.

준비물 스톱워치

실험 방법

① 100m를 달리는 데 몇 초가 걸리는지 초시계로 재어 봅니다.

② 100을 시간으로 나누어 1초에 몇 m를 달렸는지 구합니다.

③ 구한 값에 60(초)를 곱하고, 다시 60(분)을 곱하고, 그다음 24(시간)와 365(일)를 곱합니다.

④ 구한 값을 1,000으로 나눕니다.

⋯ 이렇게 구한 답이 1년 동안 이동할 수 있는 거리를 km 단위로 구한 것입니다. 예를 들어 100m를 달리는 데 18초가 걸렸다고 하면, 1초에 1.8m를 달린 것입니다. 그런 다음 1년 동안 쉬지 않고 달린 거리를 구하면 1.8×60×60×24×365=56,764,800m이고, 56,764,800을 1,000으로 나누면 56,764.8km입니다. 그러므로 내가 1년 동안 쉬지 않고 이동할 수 있는 거리는 56,794.8km입니다.

한줄요약
빛보다 빠르게 이동할 수 있는 것은 없습니다.

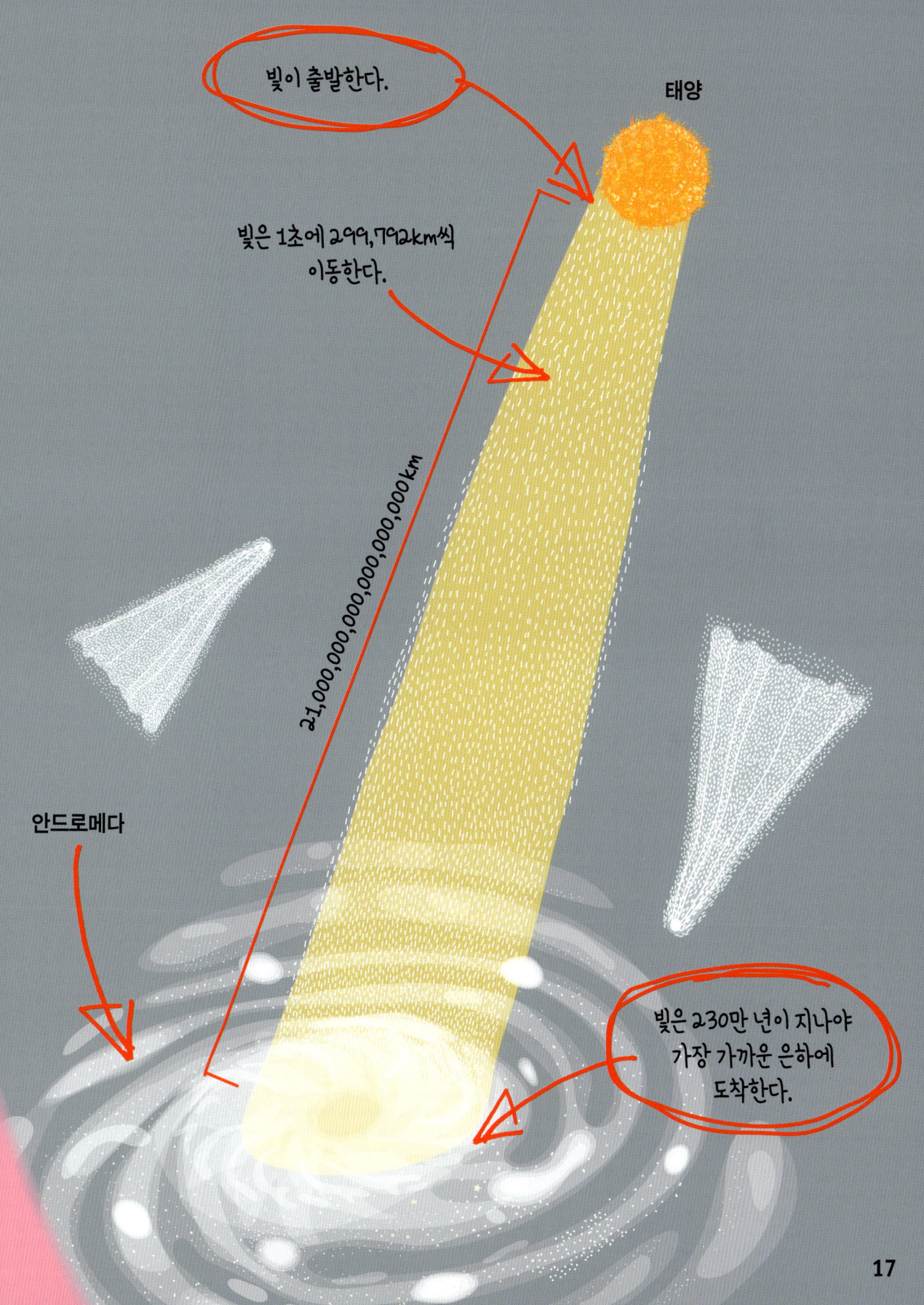

한눈에 보는 지식
4 우주 멸망설

우주는 멸망할까요? 그것은 아무도 모릅니다. 만약 우주가 계속 팽창한다면 빅 칠이 일어날지도 모릅니다. 은하와 은하 사이가 점점 더 멀어져 결국에는 새로운 별을 만들어 낼 가스가 거의 없어지게 됩니다.

가스가 없어지면 은하에 이미 있던 별들도 연료가 떨어져 서서히 사라집니다. 그 뒤 우주는 마치 얼어붙은 공간처럼 점점 더 차가워지고 어두워질 것입니다.

우주 멸망에 관한 또 다른 끔찍한 이론은 빅 립입니다. 이 이론에 따르면, 우주에서 일어나던 팽창이 은하 내에서 일어나기 시작합니다. 그다음에는 별과 행성이 팽창하고, 심지어 원자와 같은 입자들까지 팽창합니다. 그러다 결국에는 모든 것이 찢어져서 산산조각 납니다.

이 이론들이 무시무시하게 들리겠지만 걱정하지 마세요! 우주의 멸망이 금방 올 것이라고 생각하는 과학자는 한 명도 없답니다. 어떤 방식의 멸망이든 수십 수천 억 년이 지나야 할 테니까요.

한줄 요약
우주는 얼어붙거나 찢어지거나 또는 한 점으로 붕괴되어 멸망할 것입니다.

빅 크런치
예전에는 빅 크런치라는 우주 멸망론을 믿는 과학자가 가장 많았습니다. 이 이론에 따르면, 우주는 팽팽한 고무줄처럼 어느 정도까지 팽창하다가 중력 때문에 다시 수축합니다. 그러면 우주의 모든 것은 서로 점점 가까워져 밀도가 아주 높은 하나의 점으로 수축해서 붕괴됩니다.

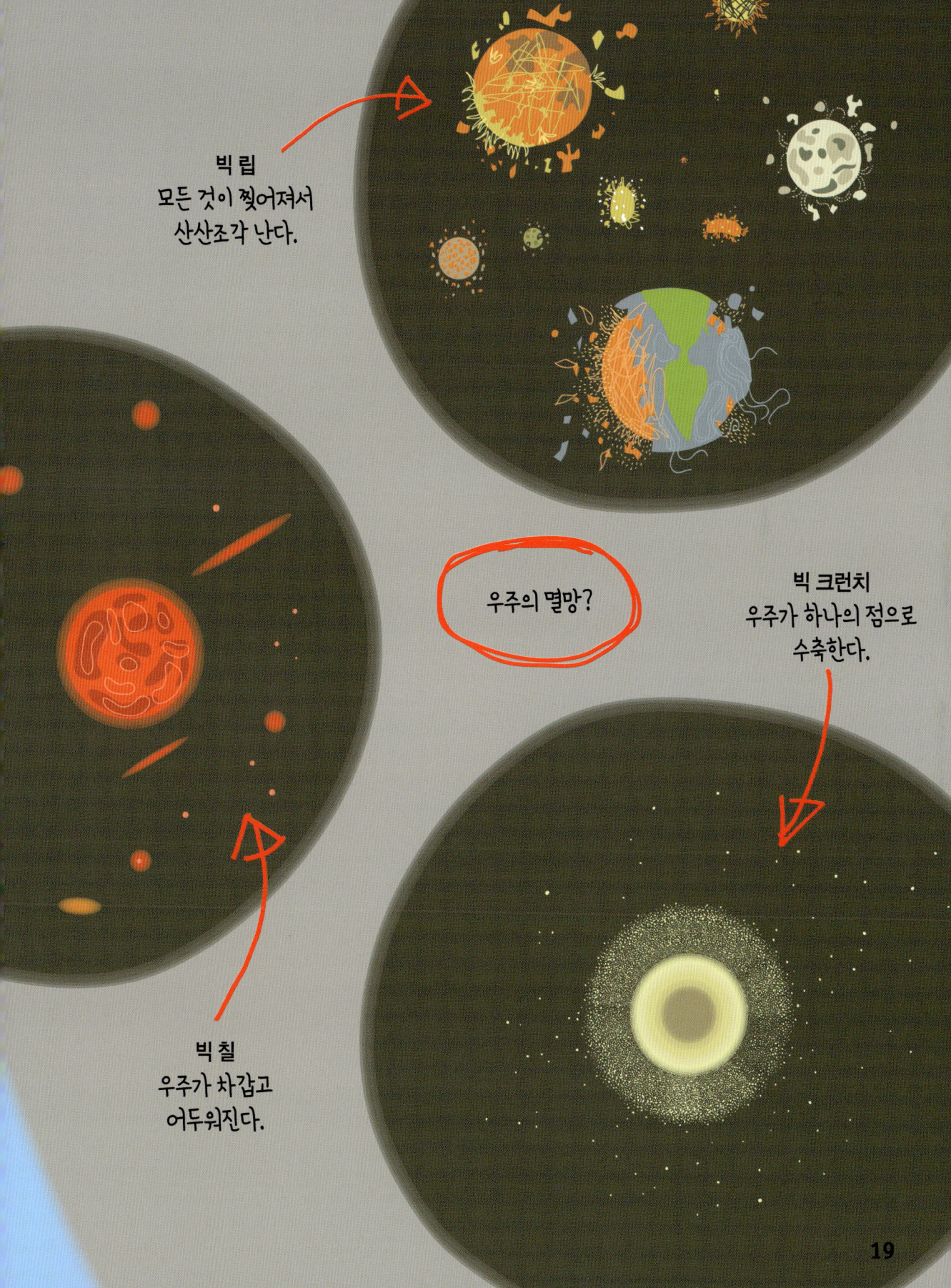

별

별은 맹렬하게 타오르는 거대한 가스 덩어리입니다. 가장 작은 별은 태양의 10분의 1정도 크기입니다. 하지만 태양보다 50억 배나 큰 별도 있답니다.
지구의 밤하늘에서는 수천 개의 별을 관찰할 수 있습니다. 그렇지만 밤하늘에서 볼 수 있는 별들은 우주 전체에 있는 별들 가운데 아주 작은 부분일 뿐입니다. 과학자들은 우주에 수조 개의 별이 있을 거라고 생각합니다.

별
읽기 전에 알아두기

겉보기 등급 지구에서 맨눈으로 본 천체의 밝기 등급.

광년 빛이 1년 동안 나아가는 거리.

궤도 행성 또는 천체가 다른 행성이나 별을 돌 때 그리는 곡선 경로. 궤도를 돈다는 것은 다른 행성이나 별의 둘레를 움직인다는 것이다.

물질 우주에서 질량과 부피를 가지는 모든 것.

밀도 일정한 부피의 무거운 정도. 밀도가 크면 아주 적은 양이라도 아주 무겁다.

백색 왜성 별이 수명을 다한 후 남은 것이 모여 만들어진 항성. 밀도가 매우 높다.

별자리 하늘의 별들을 이어서 모양을 만들고 이름을 붙인 것. 동물, 물건, 신화에 나오는 인물의 이름이 붙여져 있다.

성운 먼지와 가스로 이루어진 거대한 구름. 어떤 성운에서는 별이 만들어진다.

압력 어떤 것이 다른 것을 누르는 힘이나 무게.

오리온성운 지구에서 가장 가까운 성운 중 하나.

우주 모든 공간과 그 안에 있는 모든 것. 지구, 행성, 별도 여기에 포함된다.

원시별 우주 공간의 물질이 모여 만들어진 초기 단계의 별.

원자 원소의 성질을 가지는 가장 작은 단위. 화학 반응을 일으킬 수 있다.

원자핵 원자의 중심부. 질량의 대부분을 차지한다.

은하 별, 먼지, 가스 구름이 모여 있는 곳. 우리은하는 은하수라고도 부르며, 이곳에는 태양과 행성, 그 밖의 다른 별이 많다. 우리가 망원경 없이 눈으로 볼 수 있는 별들은 모두 우리은하에 속해 있다.

적색 거성 수명이 끝나 가는 거대한 별. 온도가 낮은 편이고, 붉은빛을 낸다.

적색 왜성 그리 뜨겁지 않은 작은 별.

제2형 초신성 수명을 다한 별이 갑자기 폭발하면서 매우 밝게 빛나며 엄청난 에너지를 방출하는 것.

중력 우주의 천체들이 서로 끌어당기는 힘. 지구에서는 중심 방향으로 끌어당기기 때문에 물체가 땅으로 떨어진다.

중성자 원자핵을 구성하는 아주 작은 입자 가운데 하나.

중성자별 밀도가 엄청나게 높은 별의 한 종류.

지름 원의 한쪽 면에서 중심을 지나 반대편 면을 잇는 직선.

질량 어떤 물체를 이루는 물질의 양.

천문학자 태양, 달, 별, 행성 그리고 우주 전체를 연구하는 과학자.

태양계 태양과 그 주위를 도는 모든 행성과 천체.

핵반응 원자핵이 다른 원소의 원자핵으로 변하는 것.

핵융합 원자핵들이 융합하여 더 큰 원자핵이 만들어지면서 에너지가 방출되는 것.

행성상 성운 은하계 내의 가스 성운 중 비교적 소형으로 원형인 것. 어떤 별이 죽고 나면 행성상 성운이 된다. 중심에 남은 잔해들은 백색 왜성이 되어 일생을 마감한다.

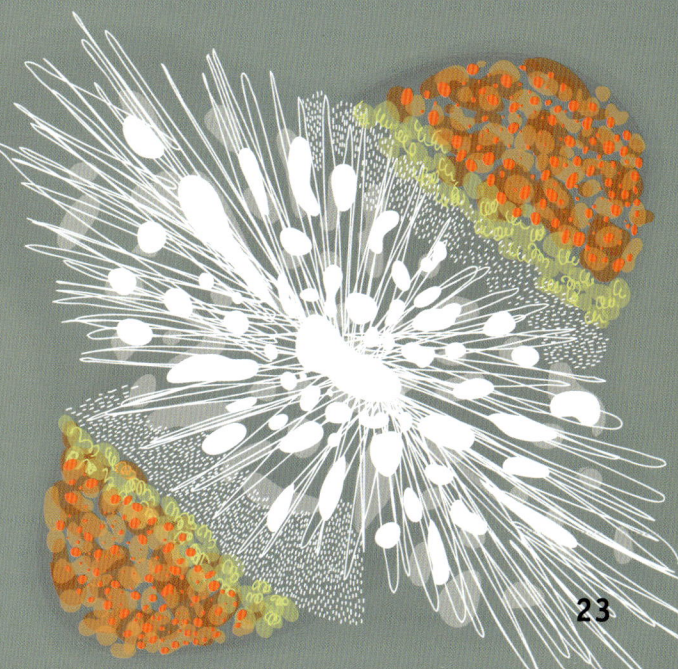

한눈에 보는 지식
5 별의 탄생

우주 곳곳에는 성운이 널리 퍼져 있습니다. 성운은 먼지와 가스 등으로 이루어진 거대한 구름으로, 그중에 별을 만드는 성운이 있습니다.

오리온성운은 지구에서 가장 가까운 성운입니다. 지구에서 약 1,340광년 떨어져 있습니다. 오리온성운의 너비는 24광년이 넘는데, 이것은 무려 227,000,000,000,000km나 된답니다.

성운은 초신성(별의 폭발)이나 가까이 지나가는 다른 별들의 영향을 받으면 자신의 중력으로 수축이 일어날 수 있습니다. 수축이 시작된 성운은 더 많은 먼지와 가스를 끌어들입니다. 성운의 밀도가 높아지고 점점 더 뜨거워지면 원시별이라는 덩어리가 만들어집니다.

원시별 안에서 핵이 붕괴되기 시작하고, 압력과 온도가 엄청나게 올라가면서 핵융합이 일어납니다. 수소 원자들이 결합하여 헬륨 원자가 만들어지면서 엄청난 양의 에너지가 생깁니다. 그때서야 비로소 원시별은 새로운 별이 된답니다.

한줄요약
성운에서 원시별이 만들어지고, 핵융합이 일어난 뒤에 새로운 별이 탄생합니다.

별 찾아보기

별자리는 밤하늘에 볼 수 있는 별을 무리 지어 사람, 동물, 사물의 이름을 붙여 놓은 것입니다. 별자리는 1년 내내 위치가 바뀝니다. 다음 웹사이트의 자료를 참고하여 밤하늘에 별자리를 찾아보세요.

한국천문연구원 천문우주지식정보 별자리
https://astro.kasi.re.kr/learning/pageView/5058
별자리 관측 프로그램
http://stellarium.org/ko/

한눈에 보는 지식
6 별의 종류

별들은 크기와 온도가 모두 다르고, 지구에서 보았을 때의 밝기도 다양합니다.

태양은 우주의 다른 별과 비교하면 크지도 작지도 않습니다. 태양보다 작은 별도 있고 훨씬 더 큰 별도 있습니다. 오리온자리에 있는 베텔게우스는 거대한 별입니다. 만약 태양의 자리에 베텔게우스가 온다면, 베텔게우스의 바깥 표면이 목성의 궤도에 닿을 것입니다!

베텔게우스보다 훨씬 큰 별도 있습니다. 큰개자리에 있는 별인 큰개자리 VY는 지금까지 알려진 별들 중에 가장 큽니다. 과학자들은 이 별의 지름이 태양의 2,000배가 넘는 3억 km 정도라고 생각합니다.

별의 표면 온도는 별빛에 따라 다릅니다. 천문학자들은 스펙트럼형(분광형)에 따라 별들을 나눕니다. 스펙트럼형은 별을 빛의 파장에 따라 나눈 것으로, 별의 표면 온도에 따라 달라집니다.

그중 가장 뜨거운 O형은 표면 온도가 30,000도 이상이랍니다! O형은 300만 개 중 1개꼴로, 매우 밝게 빛나는 별입니다. 지구에서 약 5,000광년 떨어져 있는 O형 별인 백조자리 OB2-12는 태양보다 약 600만 배 더 밝답니다.

한줄요약
별들은 크기, 밝기, 온도가 모두 다릅니다.

별들은 얼마나 밝게 빛날까요?
우리가 별을 바라보았을 때 얼마나 밝은지에 따라 별들을 나눌 수도 있습니다. 이를 겉보기 등급이라고 합니다.
물론 가장 밝은 별은 태양입니다. 그다음으로 밤하늘에서 밝게 빛나는 별은 시리우스이고, 그 뒤를 이어 카노푸스와 아르크투루스 순입니다.

한눈에 보는 지식
7 초신성

별이 사라지는 방식은 별마다 다릅니다. 그중 제2형 초신성이 가장 화려하게 별이 사라집니다. 제2형 초신성은 질량이 큰 별이 핵융합을 할 수 있는 연료가 모두 떨어졌을 때 일어납니다. 별의 중심핵은 중력의 힘을 이기지 못하고 아주 빠르게 붕괴되는데, 이때 별의 온도는 1,000억 도까지 올라간답니다.

핵이 붕괴하면서 별의 외부층은 중심핵 쪽으로 쏟아져 내립니다. 중심핵 쪽으로 쏟아진 외부층은 중심핵과 충돌하면서 무려 초속 15,000km에서 40,000km의 속도로 튕겨 나갑니다.

초신성은 작은 별이 평생 만들어 내는 에너지를 1초 동안 뿜어내기도 합니다. 어떤 초신성은 몇 달 동안 보통 별보다 100억 배 더 밝게 빛납니다.

초신성을 관찰하기는 어렵습니다. 하지만 눈을 크게 뜨고 끈기 있게 밤하늘을 바라보면 찾을 수도 있습니다. 2011년, 캐나다에 사는 열 살의 캐서린 오로라 그레이가 새로운 초신성을 발견했습니다. 이 소녀는 새 초신성을 발견한 사람 중에 가장 어립니다. 캐서린이 발견한 초신성은 지구에서 약 2억 4,000만 광년 떨어진 곳에 있는 UGC3379라는 은하에서 일어났답니다.

한줄 요약
제2형 초신성은 별이 붕괴하면서 일어나는 거대한 폭발입니다.

초신성 효과

별의 중심핵이 별의 외부층을 우주 밖으로 밀어내는 에너지의 원리는 무엇일까요?

준비물 농구공 또는 축구공, 테니스공

실험 방법

① 농구공과 테니스공을 각각 단단한 바닥에 튕겨 보고, 얼마나 멀리 튀어 오르는지 확인합니다.

② 그다음 농구공 위에 테니스공을 올려놓고 함께 떨어뜨립니다. 이때 농구공은 별의 중심핵이고, 테니스공은 별의 외부층입니다.

⋯ 테니스공은 농구공의 큰 힘을 받고 멀리 날아갑니다. 별의 외부층이 중심핵에게 밀려나 멀리 날아가는 것과 같습니다.

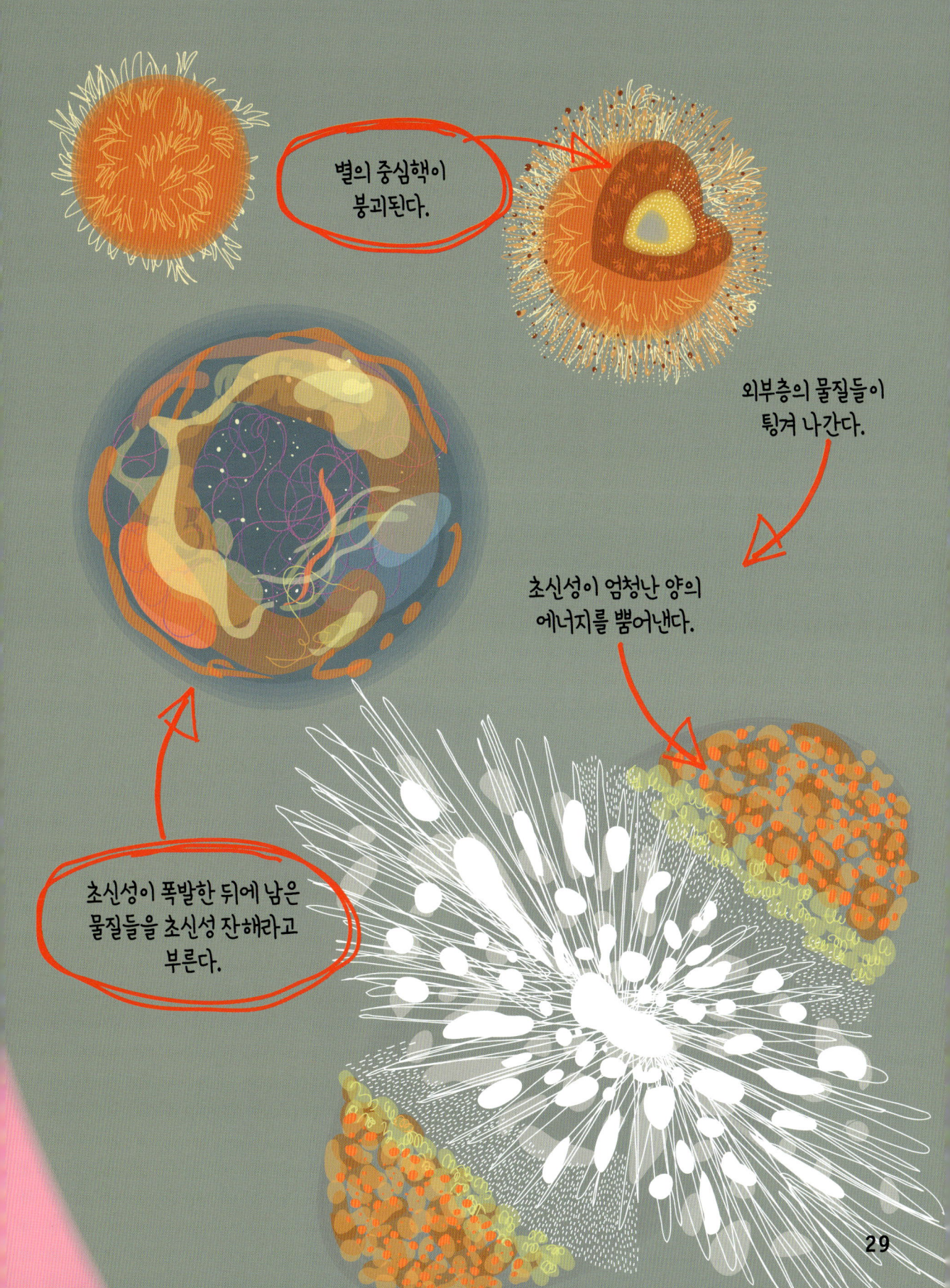

한눈에 보는 지식
8 별의 죽음

모든 별이 초신성처럼 화려하게 죽음을 맞는 것은 아닙니다. 적색 왜성처럼 조용하게 사라지는 별들도 있습니다. 적색 왜성의 질량은 태양의 절반도 되지 않지만 내부에서 핵반응은 계속 일어납니다. 결국 연료가 떨어지면 점점 작고 희미해지면서 사라집니다.

<u>별 가운데 질량이 태양의 절반에서 8배 정도 되는 별들은 좀 더 복잡한 과정을 거치며 사라집니다.</u>

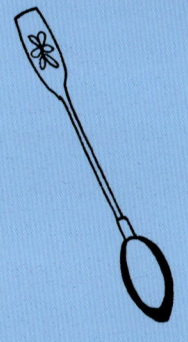

그 별들은 중심핵의 수소 연료가 다 떨어지면 헬륨을 원료로 쓰기 시작하면서 부풀어 오릅니다. 이 별을 적색 거성이라고 합니다. 적색 거성의 외부 층은 우주 공간으로 점차 빠져나가 고리 모양의 행성상 성운이 되고, 남은 중심핵은 백색 왜성이 됩니다.

백색 왜성은 크기가 작고 밀도가 매우 높은 별로, 대부분 탄소로 이루어져 있습니다. 일반적인 백색 왜성의 크기는 지구와 비슷하거나 약간 크지만, 태양만큼이나 많은 물질을 포함하고 있습니다. 백색 왜성은 수십 억 년에 걸쳐 서서히 식으면서 사라집니다.

중성자별

백색 왜성의 밀도는 아주 높습니다. 그런데 백색 왜성보다 밀도가 훨씬 더 높은 별이 있습니다. 바로 중성자별입니다. 중성자별은 초신성 폭발 후 남은 중심핵으로, 엄청나게 밀도가 높은 중성자들로 이루어져 있습니다.

만약 중성자별의 물질을 티스푼으로 한 스푼을 떠서 그 무게를 잰다면 100만 t이 넘을 것입니다. 중성자의 별의 지름은 20km보다 작지만 그 안에 들어 있는 물질은 우리 태양계 전체를 합친 것만큼이나 많습니다.

한줄요약
어떤 별들은 점점 작아져서 사라지고, 어떤 별들은 부풀어 오른 뒤 식으면서 사라집니다.

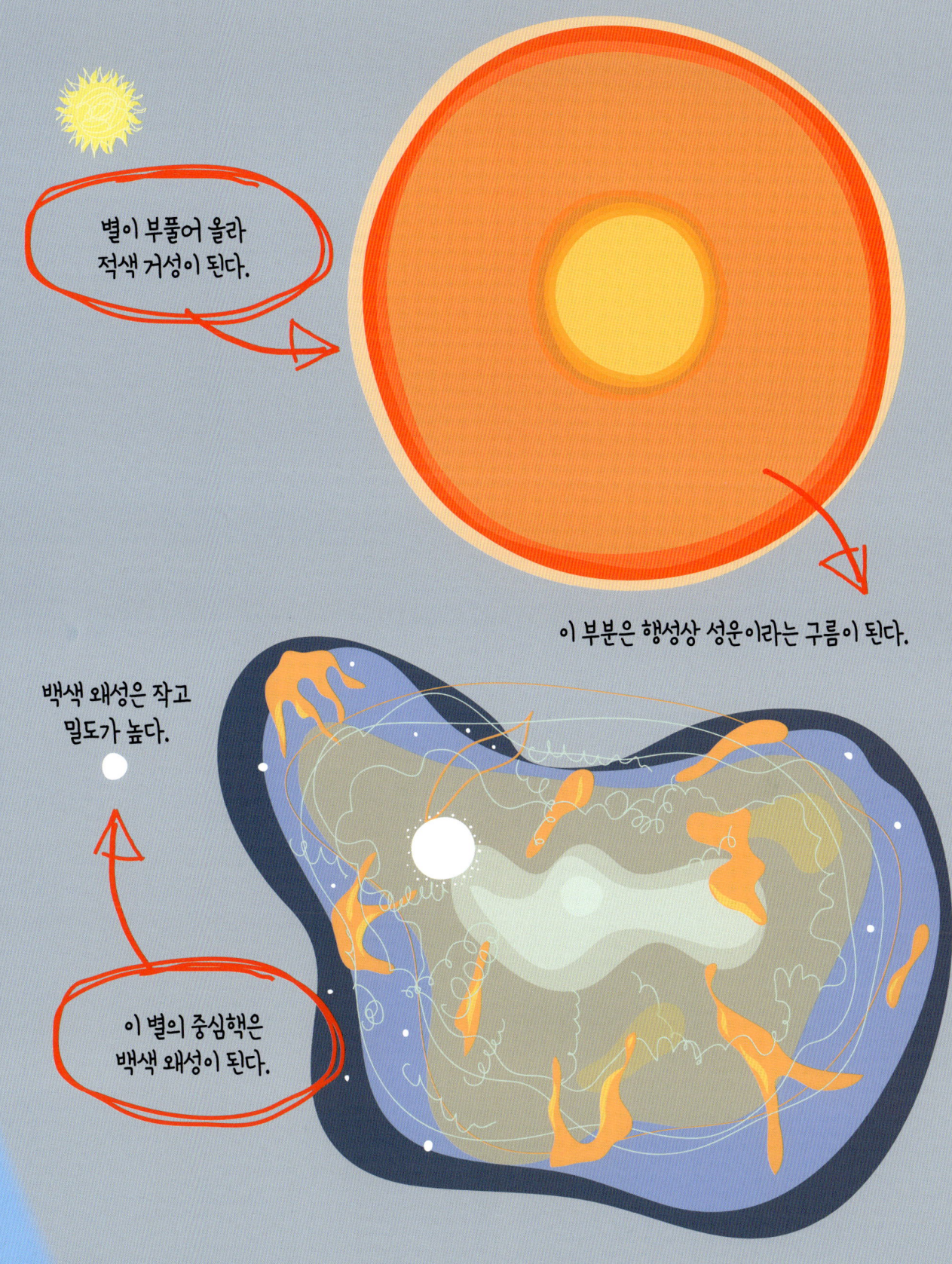

태양과 내행성계

태양은 우주 공간을 움직이는 보통 크기의 별입니다. 8개의 행성과 그 위성, 다른 천체들이 태양의 중력에 이끌려 태양 주변을 타원형 궤도를 따라 돌고 있습니다.

수성, 금성, 지구, 화성은 태양에서 가까운 곳에 있는 행성입니다. 이 4개의 행성은 지구처럼 단단한 암석으로 된 표면을 가지고 있습니다. 그래서 지구형 행성이라고도 부릅니다. 태양을 포함한 이 4개의 행성은 소행성, 혜성, 먼지, 가스, 유성체와 더불어 태양계의 안쪽인 내행성계를 이루고 있습니다.

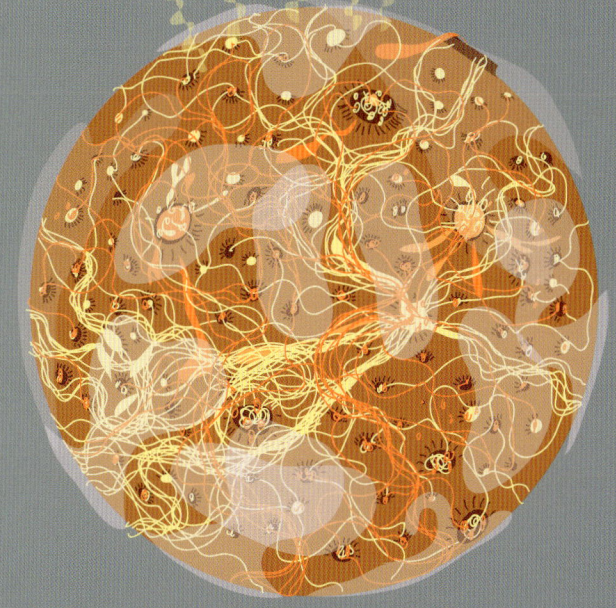

태양과 내행성계
읽기 전에 알아두기

광구 눈으로 볼 수 있는 태양의 표면.

극지방 만년설 지구와 화성의 남극과 북극에서 녹지 않고 항상 쌓여 있는 눈.

달의 바다 달에서 암석으로 된 평평한 지역을 부르는 말.

대기 행성을 둘러싸고 있는 기체의 혼합물.

대류층 태양 내부의 층. 복사층을 에워싸고 있다.

망원경 과학 기구 중 하나. 멀리 떨어진 물체를 크게 관찰할 수 있도록 빛이나(광학 망원경) 우주에서 오는 전파를 모아 준다(전파 망원경).

무인 우주 탐사선 사람이 타지 않은 우주선. 정보를 수집하여 지구로 전송한다.

복사층 태양의 핵을 둘러싸고 있는 부분. 핵에서 나오는 열은 복사층을 통해 바깥으로 전달된다.

소행성 태양 둘레를 도는 천체. 암석이나 금속으로 이루어져 있다.

시속 킬로미터(km/h) 속도 측정 단위. 1시간 동안 이동한 거리를 km로 나타낸다.

압력 어떤 것이 다른 것을 누르는 힘이나 무게.

왜소 행성 태양 둘레를 돌지만 행성보다 작은 천체. 명왕성은 왜소 행성이다.

용암 화산에서 흘러나오는 뜨거운 액체 상태의 암석.

원자 원소의 성질을 가지는 가장 작은 단위. 화학 반응을 일으킬 수 있다.

중력 우주의 천체들이 서로 끌어당기는 힘. 지구에서는 중심 방향으로 끌어당기기 때문에 물체가 땅으로 떨어진다.

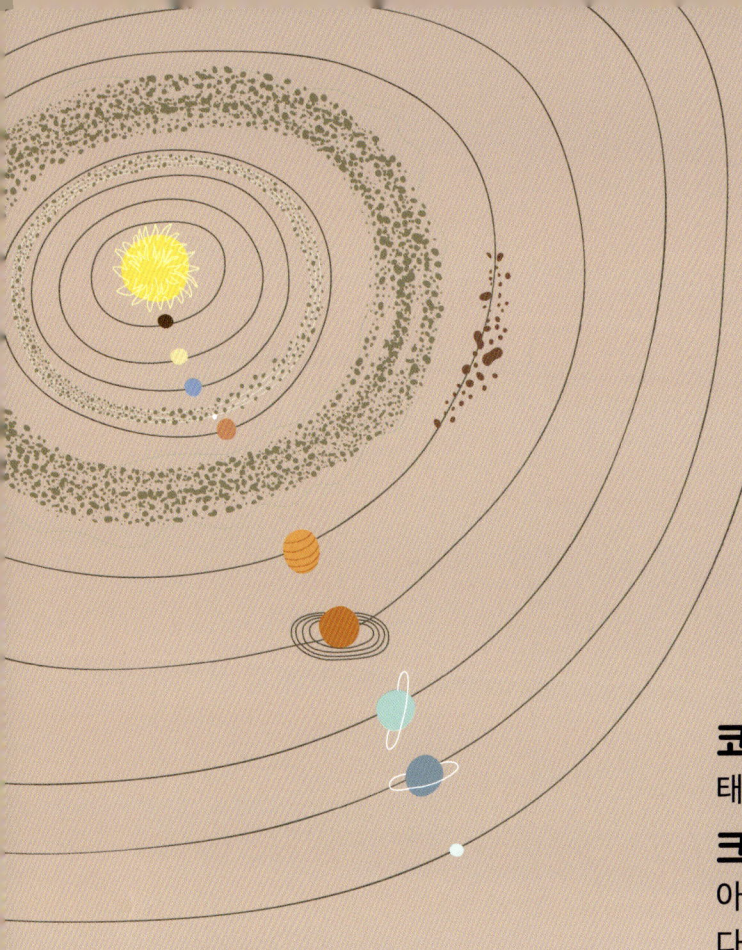

지름 원의 한쪽 면에서 중심을 지나 반대편 면을 잇는 직선.

질량 어떤 물체를 이루는 물질의 양.

채층 태양의 대기 가운데 안쪽 층. 붉은색을 띤다.

천문단위(AU) 천문학에서 사용하는 거리의 단위. 1천문단위는 지구 중심과 태양 중심 사이의 거리로, 대략 1억 4,960만 km다.

천문학자 태양, 달, 별, 행성 그리고 우주 전체를 연구하는 과학자.

축 행성과 같이 회전하는 물체의 정중앙을 가로지르는 가상의 선.

코로나 태양의 대기 중 바깥 부분. 태양 자신보다도 크다.

크레이터 소행성 등이 우주에서 날아와 천체 표면에 충돌하여 생긴 커다란 구멍.

태양계 태양과 그 둘레를 도는 모든 행성과 천체.

핵반응 원자핵이 다른 원소의 원자핵으로 변하는 것.

협곡 가파른 바위 절벽이 있는 깊은 계곡.

회전 어떤 물체가 한 점이나 축을 기준으로 그 둘레를 빙빙 도는 것. 지구도 스스로 고정된 축을 따라 회전하고 있다.

한눈에 보는 지식
9 태양

태양계의 중심에는 태양이 있습니다. 태양은 질량이 아주 크고, 중력도 아주 강합니다. 태양의 강한 중력에 이끌려 행성, 소행성, 그리고 다른 천체들은 태양 둘레를 맴돌고 있습니다. 태양은 이들에게 빛과 열을 제공합니다.

태양의 중심핵은 마치 거대한 핵 용광로 같습니다. 매초마다 핵반응이 일어나고 있습니다. 6억 톤이 넘는 수소 원자들이 서로 결합하여 헬륨 원자와 어마어마한 양의 에너지를 만들어 냅니다.

중심핵에서 만들어진 에너지는 태양의 복사층과 대류층을 지나 태양의 표면인 광구에 도달합니다. 광구 다음에는 채층이 있고, 그다음에는 바깥쪽의 대기인 코로나가 있습니다. 코로나의 온도는 100만 도에서 200만 도에 이릅니다. 아주 뜨겁답니다.

태양 크기 측정하기

태양을 측정할 때는 맨눈으로 똑바로 쳐다보면 절대 안 됩니다.

준비물 마분지 한 장, 핀, 흰 종이, 자

실험 방법
① 마분지 한가운데를 핀으로 구멍을 뚫습니다.
② 햇빛이 구멍을 통과해서 흰 종이 위에 동그란 모양이 생기도록 합니다. 이때 마분지와 종이 사이를 1m 이상 벌려서 원을 최대한 크게 만듭니다.
③ 친구에게 종이 위에 비친 원의 지름, 마분지에 뚫은 구멍과 종이 사이의 거리를 재게 합니다. 그리고 구한 값을 아래 식에 넣어 보세요.

$$\frac{\text{종이 위에 비친 태양의 지름}}{\text{마분지 위에 뚫은 구멍과 종이 사이 거리}} \times 149{,}600{,}000\text{km} \text{ (태양과 지구 사이의 거리)}$$

= 태양의 지름(km)

⋯ 태양의 실제 크기와 비슷하게 나왔나요? 태양의 지름은 약 139만 2,000km입니다.

한줄 요약
태양은 우리 태양계에 열과 빛을 제공합니다.

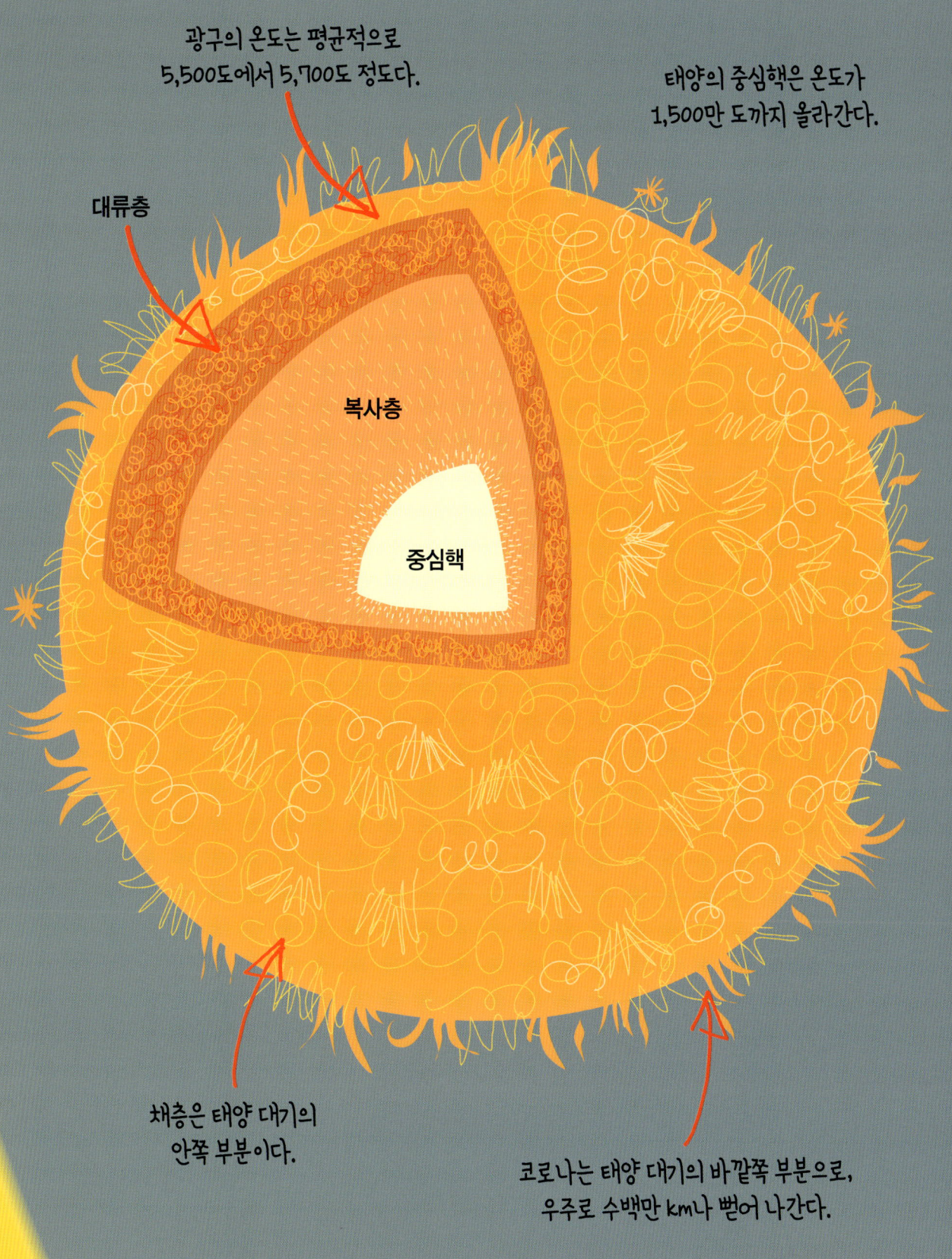

한눈에 보는 지식
10 수성

수성은 태양과 가장 가까운 행성으로, 우리 태양계 행성 중에서 가장 작습니다. 태양과의 평균 거리는 약 5,790만 km입니다.

수성이 태양 주변을 한 바퀴 도는 데는 지구 시간으로 88일밖에 걸리지 않습니다. 그래서 수성의 1년은 지구의 1년보다 4분의 1만큼 짧습니다.

모든 행성은 자전을 하고 있으며 스스로 한 바퀴 도는 데 걸리는 시간을 하루라고 합니다. 지구의 하루는 약 24시간이지만 수성은 아주 느리게 자전하기 때문에 수성의 하루는 1,400시간이 넘습니다. 지구의 시간으로 하면 58일이 넘게 걸리는 것이랍니다. 수성은 공전 속도에 비해 자전 속도가 매우 느립니다.

수성에서 태양을 바라보는 쪽은 427도까지 올라갑니다. 이에 비해 태양을 등진 쪽은 영하 170도 밑으로 내려갑니다.

수성의 표면에는 다양한 크기의 크레이터들이 아주 많습니다. 천문학자들은 이것이 태양계가 형성되는 과정에서 소행성들과 충돌하여 생긴 것이라고 생각합니다.

한줄요약
수성은 매우 덥기도 하고 춥기도 합니다.

크레이터 만들기

준비물 큰 그릇, 밀가루, 물, 쟁반, 구슬이나 골프공 등 여러 크기의 공

실험 방법
① 큰 그릇에 밀가루와 물을 조금 넣고 부드럽지만 흘러내리지 않을 정도로 반죽합니다.
② 반죽을 큰 쟁반에 올려서 밖으로 가지고 나갑니다.
③ 그릇 바로 위에 서서 여러 크기의 공을 반죽에 떨어뜨리고 관찰해 보세요.
④ 공을 반죽에 떨어뜨리는 위치를 머리, 가슴, 무릎 등 다양하게 해 보세요.
⑤ 공을 떨어뜨리는 속도를 다양하게 해 보세요.
→ 크레이터의 크기가 어떻게 달라지는지 관찰해 보세요.

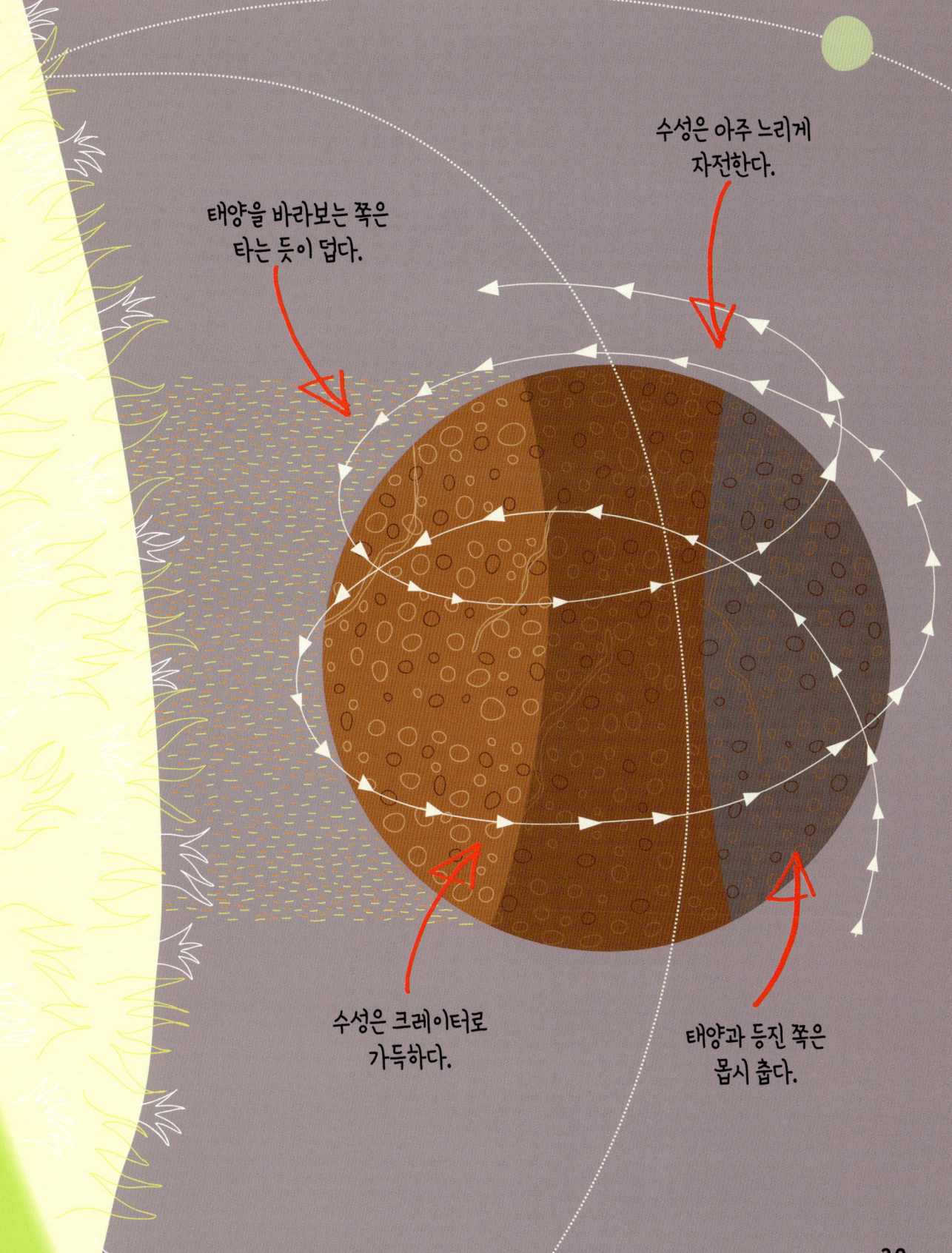

한눈에 보는 지식
11 금성

금성은 태양에서 두 번째로 가까운 행성으로, 태양계에서 가장 뜨거운 행성입니다.

금성이 태양 둘레를 한 바퀴 도는 데는 224.7일이 걸립니다. 꽤 빠른 속도입니다. 하지만 금성이 자전을 하는 데는 243일이나 걸립니다. 금성의 하루는 1년보다도 긴 셈이랍니다.

금성의 평균 표면 온도는 약 462도로, 납을 녹일 정도로 높습니다.

금성의 뜨거운 열기는 쉽게 누그러지지 않습니다. 금성의 대기는 두꺼운 담요와 같아서 뜨거운 열을 가두어 버립니다. 금성의 대기는 약 96%의 이산화탄소, 3.5%의 질소, 약간의 황으로 이루어져 있습니다. 동물이 살기 위해 필요한 산소나 수증기는 거의 없습니다.

금성의 대기는 두껍기 때문에 기압이 지구보다 90배나 강합니다. 만약 우리가 보낸 우주선이 금성의 위험한 독성이 있는 대기를 통과해 착륙하는 데 성공했다 하더라도, 엄청난 기압 때문에 우주인의 몸은 납작해질 겁니다.

한줄요약
금성은 아주 뜨겁고 독성이 강한 대기로 뒤덮여 있습니다.

금성 탐사

금성의 대기는 두껍고 독성이 강하기 때문에 지구에서 금성의 표면을 관찰하기 어렵습니다. 하지만 과학자들은 금성에 마젤란호, 비너스 익스프레스호 등의 무인 우주 탐사선을 보내 금성의 대기를 관측하고 표면을 촬영하는 데 성공했습니다.
우주 탐사선들은 화산, 크레이터, 용암 대지가 흩어져 있는 금성 표면을 찍어서 지구로 보냈습니다. 그 결과 금성이 생명체가 살 수 없는 척박한 곳이라는 걸 알게 되었습니다.

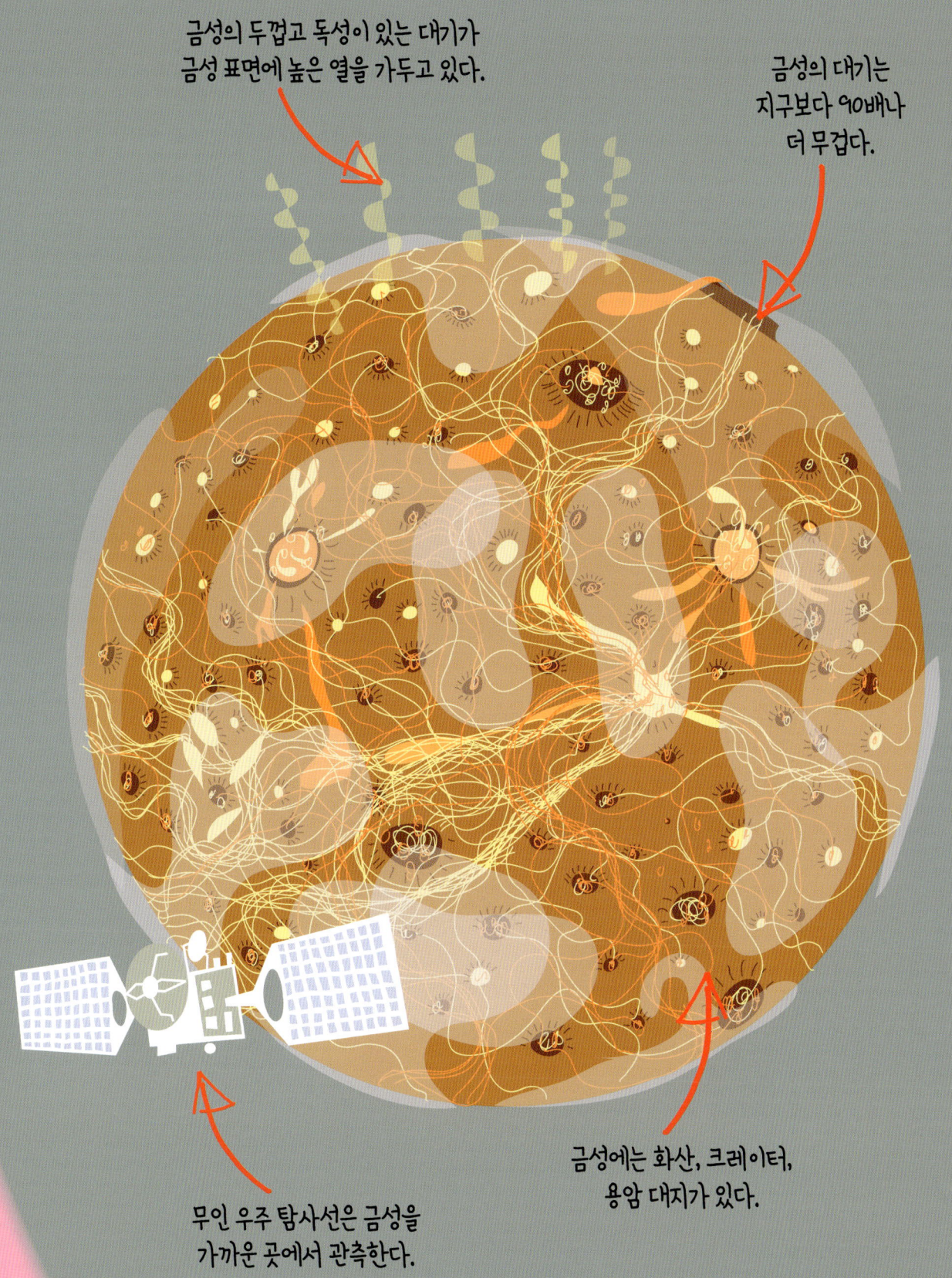

한눈에 보는 지식
12 지구와 달

지구에서 태양까지의 평균 거리는 149,597,870.7km로, 1천문단위입니다. 태양과 행성 사이는 매우 멉니다. 그래서 천문단위를 써서 태양에서 지구까지의 거리를 기준으로 다른 행성과의 거리를 비교합니다. 예를 들어, 태양에서 목성까지의 평균 거리는 5.2천문단위입니다.

지구는 9억 3,990만 km나 되는 공전 궤도를 따라 태양 둘레를 돕니다. 이와 동시에 자전축을 중심으로 스스로 돕니다. 지구는 23시간 56분 4초마다 태양 쪽을 바라봅니다. 그래서 지구에 낮과 밤이 생깁니다.

지구는 23.5도 기울어져 있습니다. 이 기울기 때문에 계절이 생깁니다. 태양 쪽으로 기울어진 지구의 반구(지구의 절반 부분)는 여름이고, 반대쪽 반구는 겨울입니다. 지구가 공전 궤도를 돌면서 계절은 바뀝니다.

지구의 대기는 태양에서 오는 해로운 광선을 막아 줍니다. 또한 지구의 표면을 따뜻하게 지켜 주고 생명체가 살아갈 수 있게 합니다.

지구에서 달까지의 평균 거리는 0.0026천문단위(384,400km)입니다. 달에는 수없이 많은 크레이터와 달의 바다라고 불리는 평평한 암석 지대가 펼쳐져 있습니다.

한줄요약
우리는 지금 태양 둘레를 시속 107,000km로 돌고 있는 행성 위에 서 있습니다.

달 지도 그리기
준비물 쌍안경 또는 망원경, 종이, 연필
실험 방법
① 날씨가 좋고 하늘이 맑은 밤에 쌍안경이나 망원경으로 달을 관찰합니다.
② 눈으로 본 달의 모습을 그려서 자신만의 달 지도를 만들어 보세요.
→ 크레이터나 달의 바다를 찾을 수 있나요?

달에는 크레이터와 달의 바다라고 불리는 평평한 암석 지대가 있다.

지구는 기울어진 채로 태양 둘레를 돈다.

태양 쪽으로 기울어진 지구의 반구는 여름이다.

태양 반대쪽으로 기울어진 지구의 반구는 겨울이다.

지구의 자전축

43

한눈에 보는 지식
13 화성

화성은 태양계에서 두 번째로 작은 행성입니다. 크기가 지구의 절반 정도밖에 되지 않습니다. 하지만 화성 표면에는 액체 상태로 된 바다가 없기 때문에 땅의 면적은 지구와 비슷합니다. 대부분의 땅은 암석과 먼지가 가득하며, 사막과 비슷합니다. 사막 곳곳에는 크레이터와 분화구가 흩어져 있습니다.

화성에서는 어마어마하게 긴 마리너 계곡, 거대한 화산, 크레이터 등을 볼 수 있습니다. 이것은 태양계에서도 손꼽히는 멋진 풍경이랍니다.

화성은 데이모스와 포보스라는 두 개의 위성을 거느리고 있습니다. 웅장한 화성에 비해 위성들은 작고 보잘 것이 없습니다. 마치 커다란 감자처럼 생겼습니다. 두 위성 중에서는 포보스가 조금 더 큰데, 평균 지름이 27km입니다.

과학자들은 화성을 망원경으로 관찰하고, 화성의 특징을 알아내려고 무인 우주 탐사선을 화성으로 보냈습니다. 그 결과 화성의 대기는 매우 옅고, 95% 이상이 이산화탄소로 이루어졌다는 사실을 발견했습니다. 과학자들은 화성의 극지방에서 얼어붙은 이산화탄소로 이루어진 만년설을 찾아냈으며, 얼어붙은 물도 발견했습니다.

한줄요약
지구와 가까운 이웃 행성인 화성에는 사막, 얼음, 화산, 크레이터가 있습니다.

화성 탐험
우주인이 우주 탐사선을 타고 화성에 가서 의미 있는 연구를 한 후에 지구로 돌아오려면 3년 이상의 시간이 걸립니다. 화성을 탐사하는 사람들은 어떤 임무를 수행하게 될까요?

그렇게 오랜 시간을 여행하게 되었을 때 겪을 수 있는 여러 상황을 떠올려 보세요. 그리고 화성 여행에 꼭 가지고 가고 싶은 물건 5가지를 써 보세요. 꼭 필요한 보급품은 우주선에 가득 실려 있다는 점을 고려하고 씁니다.

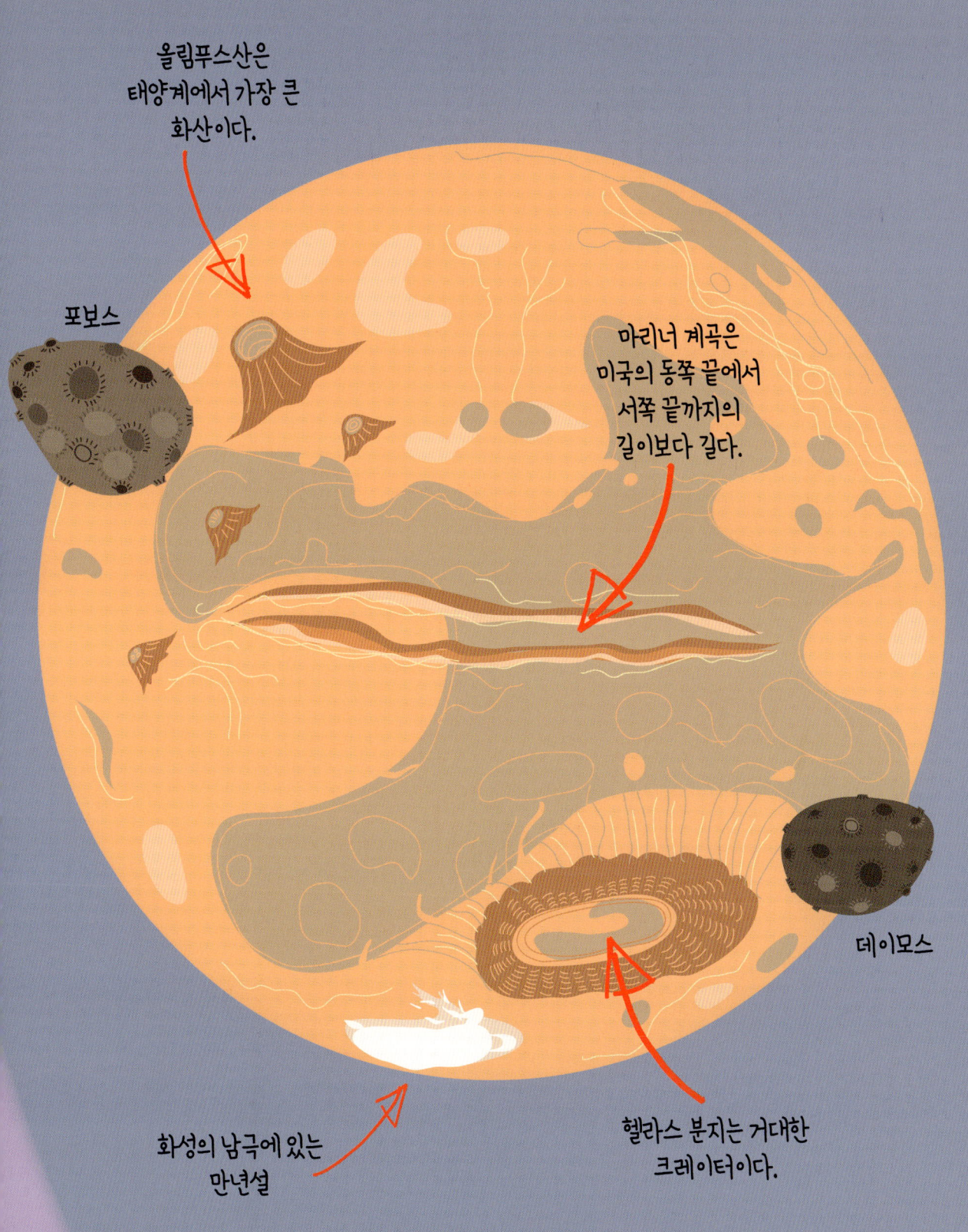

한눈에 보는 지식
14 소행성과 왜소 행성

소행성은 태양 둘레를 돌고 있는 암석이나 금속 또는 이 둘이 섞여 있는 덩어리입니다. 이것들은 대부분 소행성대에서 발견되는데, 소행성대는 화성과 목성 사이에 있는 거대한 도넛 모양의 고리입니다. 과학자들은 이곳에 지름이 1km가 넘는 소행성이 100만 개 이상 있을 거라고 믿고 있습니다.

소행성은 태양계가 만들어지고 남은 잔해들이라고 합니다. 즉 행성으로 뭉쳐지지 못한 물질들입니다.

소행성은 소행성대 말고도 태양계 곳곳에서 발견됩니다. 트로이군 소행성들은 목성의 공전 궤도를 따라 돕니다. 지구와 가까운 곳에도 소행성이 있는데, 화성의 공전 궤도 안쪽에서 발견됩니다.

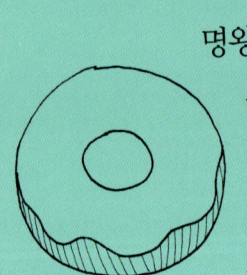

명왕성은 1930년 미국의 천문학자 클라이드 톰보가 발견하여 태양계의 아홉 번째 행성이 됐습니다. 하지만 2006년에 과학자들은 명왕성을 행성이 아니라고 발표했습니다. 명왕성은 다시 왜소 행성으로 분류됐습니다. 왜소 행성은 둥근 모양을 유지하며 태양 둘레를 돌지만 공전 궤도를 독차지할 만큼 질량이 크지 않습니다.

무인 우주 탐사선 알아보기

2021년 10월, 미국 항공 우주국(NASA)의 무인 우주 탐사선 루시가 발사됐습니다. 루시는 12년 동안 목성 궤도를 도는 트로이군 소행성들을 탐사할 계획입니다. 미국 항공 우주국의 무인 우주 탐사선 웹페이지를 방문해 보세요. 모든 내용은 영문으로 제공됩니다.

http://solarsystem.nasa.gov/missions

웹페이지에 들어가 궁금한 우주 탐사선을 클릭하여 자세한 내용을 살펴보세요. 이미 발사됐거나 발사 예정인 여러 탐사선에 대해서도 알아볼 수 있습니다.

한줄요약
소행성은 암석이나 금속으로 된 덩어리고, 왜소 행성은 행성과 비슷하지만 크기가 훨씬 작습니다.

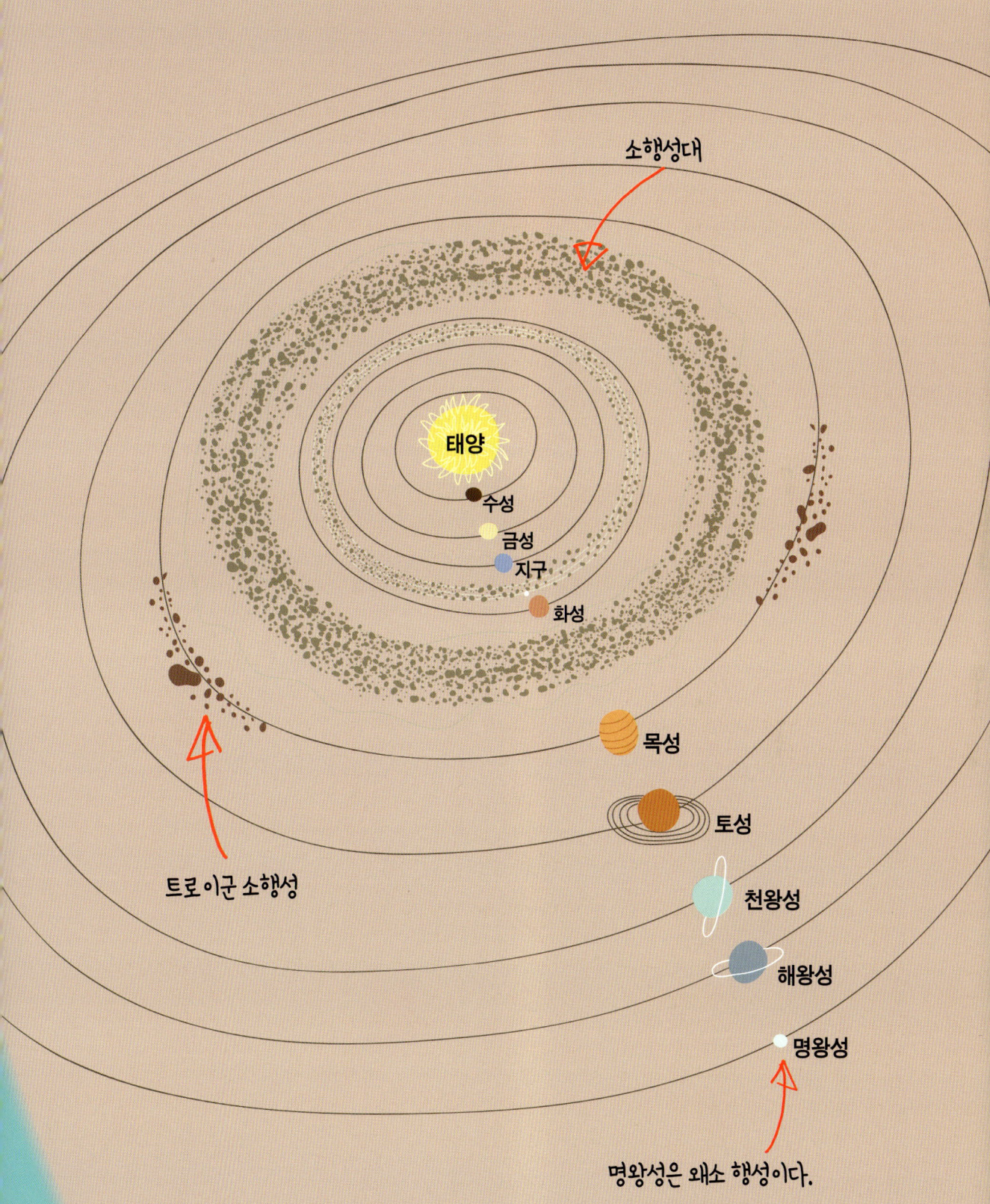

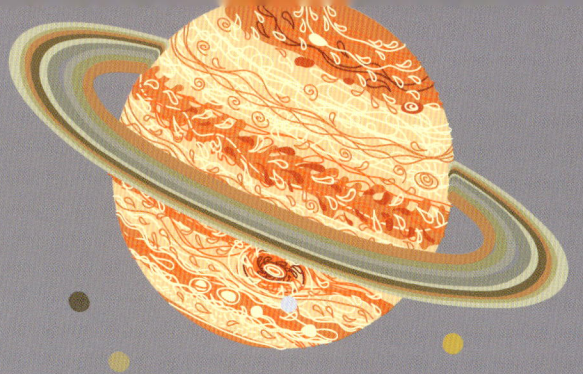

외행성계와 혜성

화성과 소행성대를 지나면 외행성의 세계가 펼쳐집니다. 어마어마하게 넓은 이 우주 지역에는 4개의 거대한 가스 행성인 목성, 토성, 천왕성, 해왕성과 이들이 거느리는 많은 위성들이 자리 잡고 있습니다. 또 대부분의 혜성이 이곳에서 발견됩니다. 해왕성 너머에는 명왕성, 하우메아, 에리스와 같은 왜소 행성들이 많이 있습니다. 이 지역은 태양과 멀리 떨어져 있어서 매우 춥답니다.

외행성계와 혜성
읽기 전에 알아두기

궤도 행성 또는 천체가 다른 행성이나 별을 돌 때 그리는 곡선 경로. 궤도를 돈다는 것은 다른 행성이나 별의 둘레를 움직인다는 것이다.

극 행성의 자전축의 양 끝.

대기 행성을 둘러싸고 있는 기체의 혼합물.

망원경 멀리 떨어진 물체를 크게 관찰할 수 있도록 만든 과학 기구. 빛이나(광학 망원경) 우주에서 오는 전파를 모아 준다(전파 망원경).

무인 우주 탐사선 사람이 타지 않은 우주선. 우주에서 정보를 모아서 지구로 보낸다.

밀도 일정한 부피의 무거운 정도를 말한다. 밀도가 크면 아주 적은 양이라도 아주 무겁다.

시속 킬로미터(km/h) 속도 측정 단위. 1시간 동안 이동한 거리를 km으로 나타낸다.

오르트 구름 카이퍼 벨트 너머에 있다고 추측되는 가상의 천체 집단. 혜성이 이곳에 분포하고 있을 것으로 본다.

원소 한 종류의 원자로만 이루어진 단순한 화학 물질. 더 이상 작은 물질로 쪼개지지 않는다.

적도 행성의 중심을 지나면서 남극과 북극에서 같은 거리에 있는 가상의 선. 남극과 북극은 행성 자전축의 양 끝을 가리킨다.

중력 우주의 천체들이 서로 끌어당기는 힘. 지구에서는 중심 방향으로 끌어당기기 때문에 물체가 땅으로 떨어진다.

지름 원의 한쪽 면에서 중심을 지나 반대편 면을 잇는 직선.

질량 어떤 물체를 이루는 물질의 양.

천문단위(AU) 천문학에서 사용하는 거리의 단위. 1천문단위는 지구 중심과 태양 중심 사이의 거리로, 대략 1억 4,960만 km다.

축 행성과 같이 회전하는 물체의 정중앙을 통과하는 가상의 선.

카이퍼 벨트 해왕성 너머에 있는 태양계의 한 영역. 혜성이 발견되는 곳이다.

코마 혜성의 핵 주변을 둘러싸고 있는 먼지와 가스로 이루어진 구름.

태양계 태양과 그 둘레를 도는 모든 행성과 천체.

혜성 태양 둘레를 도는 얼음과 먼지로 이루어진 작은 천체.

한눈에 보는 지식
15 목성

목성은 어마어마하게 큰 행성입니다. 놀라지 마세요. 지름이 무려 143,000km나 됩니다. 어찌나 큰지 태양계에 있는 다른 행성을 모두 합쳐도 목성 질량의 40% 정도밖에 되지 않습니다.

목성은 큰 몸집 덕분에 자전 속도가 엄청나게 빠릅니다. 시속 약 43,000km의 속도로 자전하고 있습니다.

목성은 거대한 가스 행성입니다. 과학자들은 목성의 내부에 얼음이나 암석으로 이루어진 핵이 있고, 그 주변을 수소와 헬륨이 덮고 있다고 생각합니다. 핵에 가까워 질수록 기체는 액체 상태로 바뀝니다.

목성의 대기에는 폭풍이 휘몰아치고 있습니다. 목성을 관찰하면 붉은색으로 된 타원 모양의 반점이 보이는데, 이것이 대적점이라고 하는 태풍입니다. 대적점에서는 시속 500km의 바람이 불고 있습니다. 대적점은 17세기에 처음 발견된 이후 300년이 지난 지금까지도 볼 수 있습니다. 대적점의 크기는 계속 바뀌는데, 현재는 약 20,000km ×12,000km로, 지구보다 훨씬 큽니다.

목성의 중력은 매우 강해서 79개의 위성을 거느리고 있습니다.

한줄요약
목성은 거대한 가스 행성입니다.

다른 행성에서 나의 몸무게 알아보기

무게란 중력이 물체를 끌어당기는 힘의 크기입니다. 그래서 다른 행성에 가면 몸무게도 달라집니다. 직접 계산해 볼까요?

다음 수치는 지구의 중력을 1이라고 했을 때 다른 행성의 상대적인 중력입니다. 여러분의 몸무게에 아래 수치를 곱하면 각 행성에서 내 몸무게가 어떻게 달라지는지 알 수 있답니다. 예를 들어 나의 몸무게가 40kg일 때 수성에서의 나의 몸무게는 40X0.38=15.2(kg)이 된답니다.

수성 0.38	금성 0.91
화성 0.38	목성 2.54
토성 1.08	천왕성 0.91
해왕성 1.19	명왕성 0.06

한눈에 보는 지식
16 토성

토성은 태양계에서 두 번째로 큰 행성입니다. 무려 760개가 넘는 지구가 토성 안에 들어갈 수 있을 정도로 크답니다! 토성은 대부분 수소와 헬륨 기체로 이루어져 있는데, 이 두 기체는 우주에서 가장 가벼운 원소입니다.

토성은 태양계의 행성 중에서 가장 밀도가 낮습니다. 물의 70%밖에 되지 않습니다. 만약 토성보다 큰 욕조 안에 물을 가득 채우고 토성을 띄운다면 물 위를 둥둥 떠다닐 것입니다.

우리 행성 가운데 토성, 목성, 천왕성, 해왕성이 고리를 가지고 있습니다. 그중 토성의 고리가 가장 크고 아름답습니다. 과학자들은 무인 우주 탐사선과 과학 기구를 통해 토성의 고리를 관찰했습니다. 그 결과 토성의 중력으로 붙잡혀 있는 수많은 바위, 얼음, 먼지 입자가 고리를 이루고 있다는 것을 알게 됐습니다.

한줄요약
토성은 아주 크지만 물에 뜰 수 있을 만큼 가볍습니다.

태양계 산책하기

준비물 공 9개

실험 방법

① 공 9개를 가지고 운동장으로 가서 태양 자리를 정하고 그곳에 공을 하나 놓습니다.

② 한 걸음의 너비가 50cm 정도 된다고 가정합니다. 다음 수치를 참고하여 각 행성에 가려면 몇 걸음을 걸어야 하는지 알아보세요. 태양에서 토성까지 걸어가 보세요. 공간이 충분하다면 태양에서 천왕성과 해왕성까지도 걸어 보세요.

다음에서 1m는 실제 2,000만 km에 해당합니다. 진짜 태양계는 공으로 만든 모형보다도 무려 200억 배나 크답니다.

수성 3m	금성 5.5m	지구 7.5m
화성 11.5m	목성 39m	토성 71.5m
천왕성 143.5m	해왕성 225m	

한눈에 보는 지식
17 천왕성과 해왕성

해왕성은 태양에서 너무 멀리 떨어져 있습니다. 햇빛이 해왕성에 닿으려면 4시간이나 걸립니다. (지구는 8분밖에 걸리지 않습니다.) 그래서 천왕성과 해왕성은 태양 에너지를 아주 조금밖에 얻지 못해 무척 춥습니다. 구름 표면의 온도가 영하 210도 밑으로 떨어질 정도랍니다!

해왕성에서는 태양계에서 가장 사나운 폭풍이 몰아치고 있습니다. 어떤 곳은 시속 1,500km 속도로 바람이 붑니다. 이것은 제트기보다도 빠른 속도입니다.

천왕성이 태양을 한 바퀴 도는 데는 84.2년이 걸립니다. 해왕성은 천왕성보다 80년이 더 걸립니다. 해왕성에서는 지구 나이로 164살이 넘어서야 첫 번째 생일을 맞이할 수 있는 거랍니다.

천왕성은 97.86도로 기울어져 있습니다. 극지방에서는 여름과 겨울이 42년씩 번갈아 가며 계속됩니다. 천왕성이 태양 둘레를 절반 돌고 나서야 계절이 바뀌는 것입니다.

한줄요약
천왕성과 해왕성은 매우 추운 행성이고, 여러 개의 위성을 가지고 있습니다.

천왕성과 해왕성의 위성들

천왕성과 해왕성은 많은 위성을 거느리고 있습니다. 망원경의 성능이 점점 좋아지고, 무인 우주 탐사선이 두 행성을 다녀오면서 더 많은 위성이 발견됐습니다.
지금까지 발견된 천왕성의 위성은 27개, 해왕성의 위성은 14개입니다. 그중 해왕성의 위성인 트리톤은 태양계에서 가장 온도가 낮은 위성입니다. 트리톤의 표면은 얼어붙은 질소, 이산화탄소, 얼음 등으로 이루어져 있습니다.

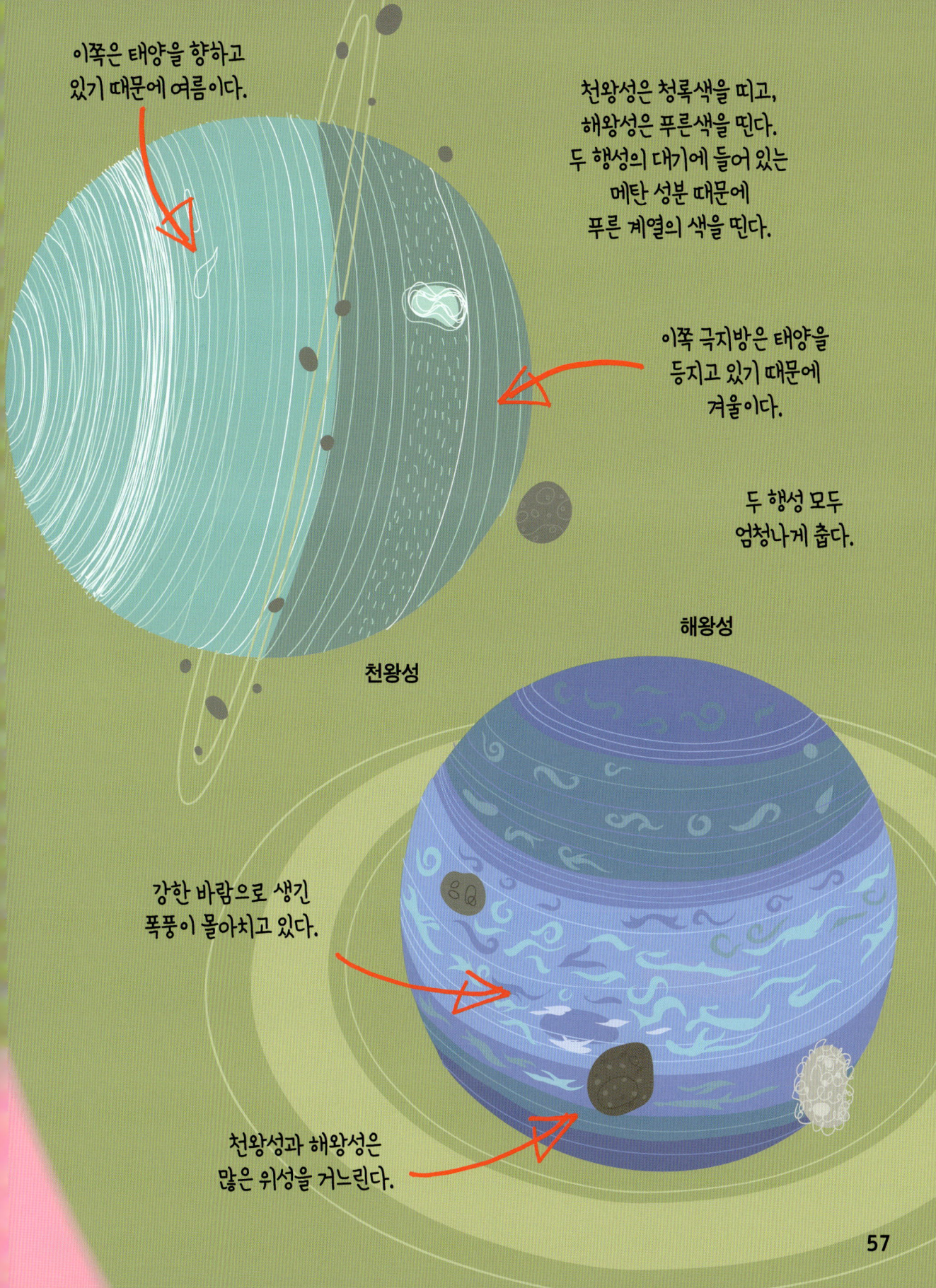

한눈에 보는 지식
18 혜성

두 눈을 감고 우주를 날아다니는 지저분한 눈뭉치를 상상해 보세요. 혜성은 이것과 비슷하답니다! 혜성의 단단한 핵은 얼음과 암석 덩어리로 이루어져 있습니다. 혜성 핵의 크기는 아주 다양합니다. 지름이 몇백 m인 것도 있고, 40km에 이르는 것도 있습니다. 혜성은 그저 태양 둘레를 빙빙 맴돌고 있습니다.

대부분의 혜성은 태양계의 가장자리에 있습니다. 해왕성 너머에 있는 카이퍼 벨트는 25천문단위(지구와 태양 거리의 25배)까지 뻗어 있는 지역입니다. 과학자들은 해왕성과 카이퍼 벨트를 지나 한참을 더 가면 오르트 구름이 있을 거라고 믿고 있어요. 이곳은 태양에서 50,000천문단위나 떨어져 있습니다.

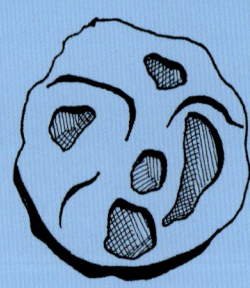

혜성은 지나가는 별의 영향을 받아 태양계 안으로 들어오기도 합니다. 혜성이 약 6천문단위까지 태양과 가까워지면, 태양의 열이 혜성의 핵을 달굽니다. 그러면 얼음의 일부가 기체로 날아가면서 핵 주변에 커다란 가스와 먼지가 생겨납니다. 이것을 코마라고 하는데, 크기가 핵의 1,000배에 이르기도 합니다.

한줄요약
혜성은 얼음과 먼지로 이루어진 덩어리로, 태양 둘레를 돌고 있습니다.

혜성의 꼬리
혜성이 태양에 가까워지면 핵의 일부가 기체로 날아가면서 먼지도 함께 끌고 나갑니다. 이들은 함께 혜성의 긴 꼬리를 만드는데, 항상 태양의 반대편을 향하고 있습니다. 어떤 해성은 꼬리가 두 개이기도 합니다.
1996년에 발견된 하쿠타케라는 혜성의 꼬리는 그 길이가 무려 5억 5,000만 km가 넘습니다. 이는 태양과 지구 사이의 거리보다도 3배나 긴 것이랍니다.

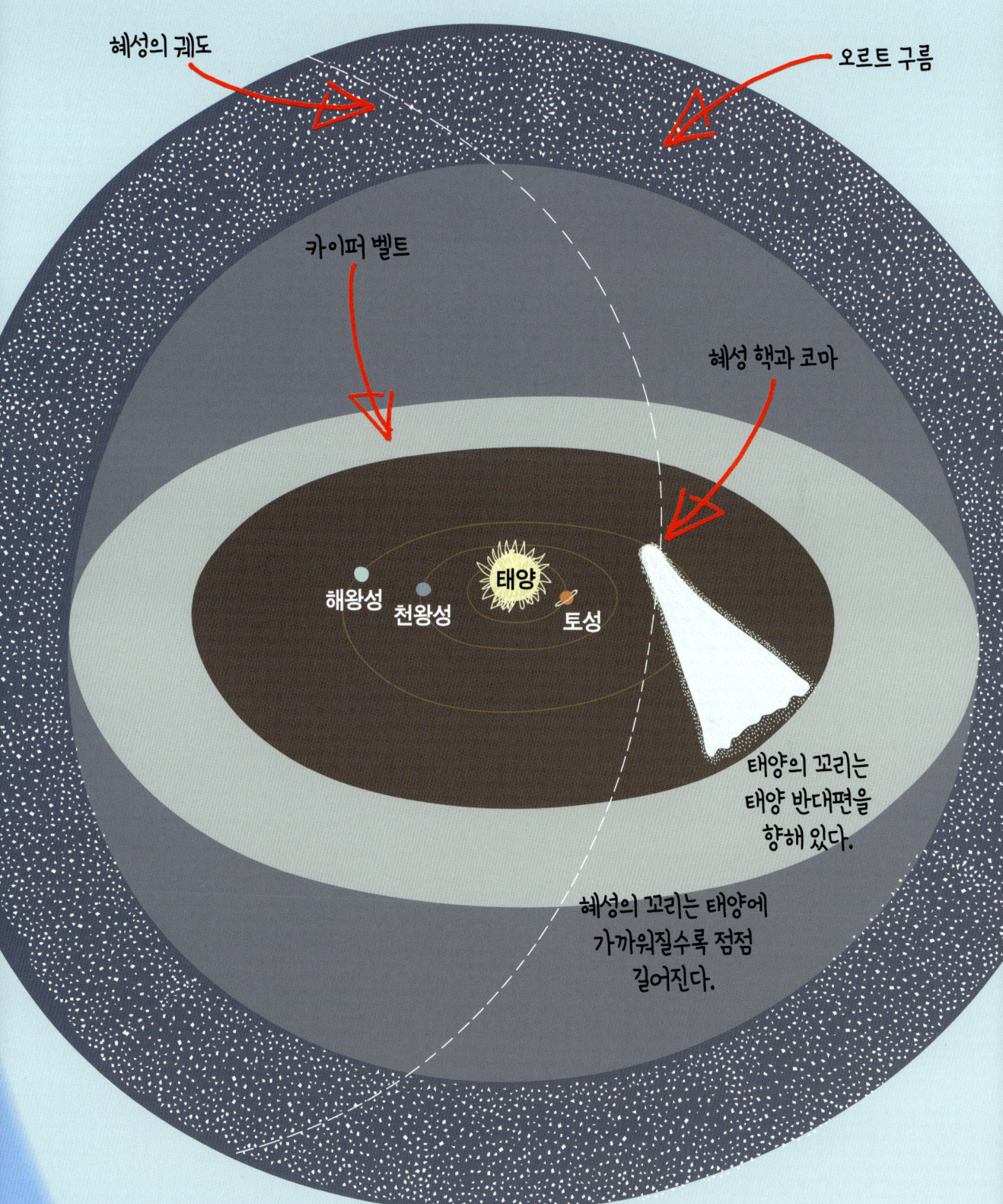

한눈에 보는 지식
20 은하

우주에는 수많은 은하가 있습니다. 은하는 가스, 먼지, 별, 행성이 모여 있는 거대한 집단이랍니다. 대부분의 은하는 아주 멀리 떨어져 있기 때문에 지구에서 관찰하기 어렵습니다.

우리은하에서 가장 가까운 은하 가운데 하나는 안드로메다은하입니다. M31이라고도 불립니다. 안드로메다은하의 지름은 22만 광년 정도로, 안드로메다은하에는 약 8,000억 개의 별이 있습니다.

안드로메다은하는 초속 140km보다 더 빠른 속도로 우리은하를 향해 다가오고 있습니다. 그렇다고 너무 걱정하지 않아도 됩니다. 두 은하가 만나려면 앞으로도 30억 년이 넘게 걸릴 테니까요.

천문학자들은 은하를 전체적인 모양에 따라 나누고 있습니다. 우리은하와 안드로메다은하는 모두 나선 은하입니다. 그 밖에도 타원 모양이나 공 모양으로 생긴 타원 은하도 있습니다.

렌즈형 은하는 평평한 원반 모양으로, 볼록렌즈처럼 가운데가 볼록한 경우도 많습니다. 특별한 모양이 없는 은하는 불규칙 은하라고 부릅니다. 이 은하는 다른 은하의 중력에 영향을 받아 모양이 바뀌었을 것입니다.

은하 모양 구경하기

미국 항공 우주국(NASA)의 웹사이트를 방문해서 사진 자료실에서 다양한 은하들을 검색해 보세요. 검색은 영어로 해야 합니다.
https://images.nasa.gov

준비물 인터넷을 할 수 있는 컴퓨터나 스마트폰

실험 방법
① 소용돌이 모양의 안드로메다은하(Andromeda)와 은하수(Milky Way)를 검색해 보세요.
② M87은하(M87 galaxy)는 어떤 모양인가요?
③ M104 솜브레로은하(M104 Sombrero galaxy)는 어떤 모양인가요?

한줄 요약
은하는 가스, 먼지, 별, 행성이 모여 있는 거대한 천체입니다.

나선 은하

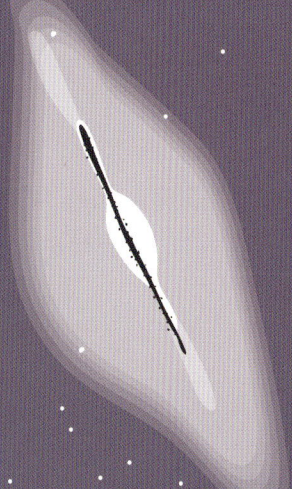

타원 은하

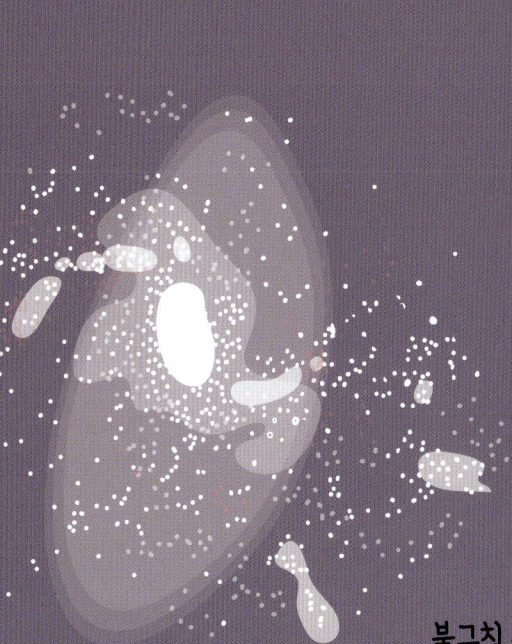

불규칙 은하

렌즈형 은하

한눈에 보는 지식
21 블랙홀

블랙홀은 중력이 너무 강해서 주변에 있는 모든 물질을 빨아들이는 곳입니다. 빛까지도 말입니다. 아주 작은 영역이지만 밀도가 극도로 높아 어마어마하게 강한 중력이 만들어지면서 블랙홀이 생깁니다.

지금까지 밝혀진 바로는 그 무엇도 블랙홀을 빠져나올 수 없습니다.

블랙홀 주변에는 빛조차 빠져나올 수 없는 영역이 있습니다. 이 영역의 경계 부분을 사건의 지평선이라고 합니다. 어떠한 에너지나 물질이라도 사건의 지평선을 넘어서는 순간 블랙홀에 빨려 들어갑니다.

천문학자들은 여러 종류의 블랙홀이 있다고 믿고 있습니다. 그중 하나가 초대질량 블랙홀입니다. 질량이 태양보다 십만 배에서 백억 배가 더 큰 블랙홀로, 은하 중심에 있습니다. 천문학자들은 가장 흔한 블랙홀은 항성 블랙홀이라고 추측합니다. 이 블랙홀은 질량이 큰 별이 초신성 폭발을 일으킬 때 만들어집니다. 별의 커다란 중심핵이 계속 붕괴하면서 중력이 점점 커지고, 결국 블랙홀이 생긴다는 것입니다.

한줄요약
블랙홀은 주변에 있는 모든 것을 빨아들입니다. 빛까지도요!

블랙홀 찾아내기

블랙홀에서는 어떤 빛도 나오지 않습니다. 그렇다면 천문학자들은 어떻게 블랙홀을 찾아내고 촬영할 수 있을까요?
천문학들은 블랙홀이 주변의 다른 천체에 미치는 영향을 조사해 눈에 보이지 않는 블랙홀을 찾았습니다. 그러다 2019년 4월에 인류 역사상 처음으로 블랙홀을 촬영할 수 있었습니다. 여러 나라의 천문학자들이 전 세계의 전파 망원경 8개를 연결해 블랙홀을 촬영하는 데 성공한 것입니다. 천문학자들이 찾아낸 블랙홀의 이름은 포웨히 또는 M87라고 부릅니다. 포웨히는 지구에서 5,300만 광년이나 떨어져 있습니다.

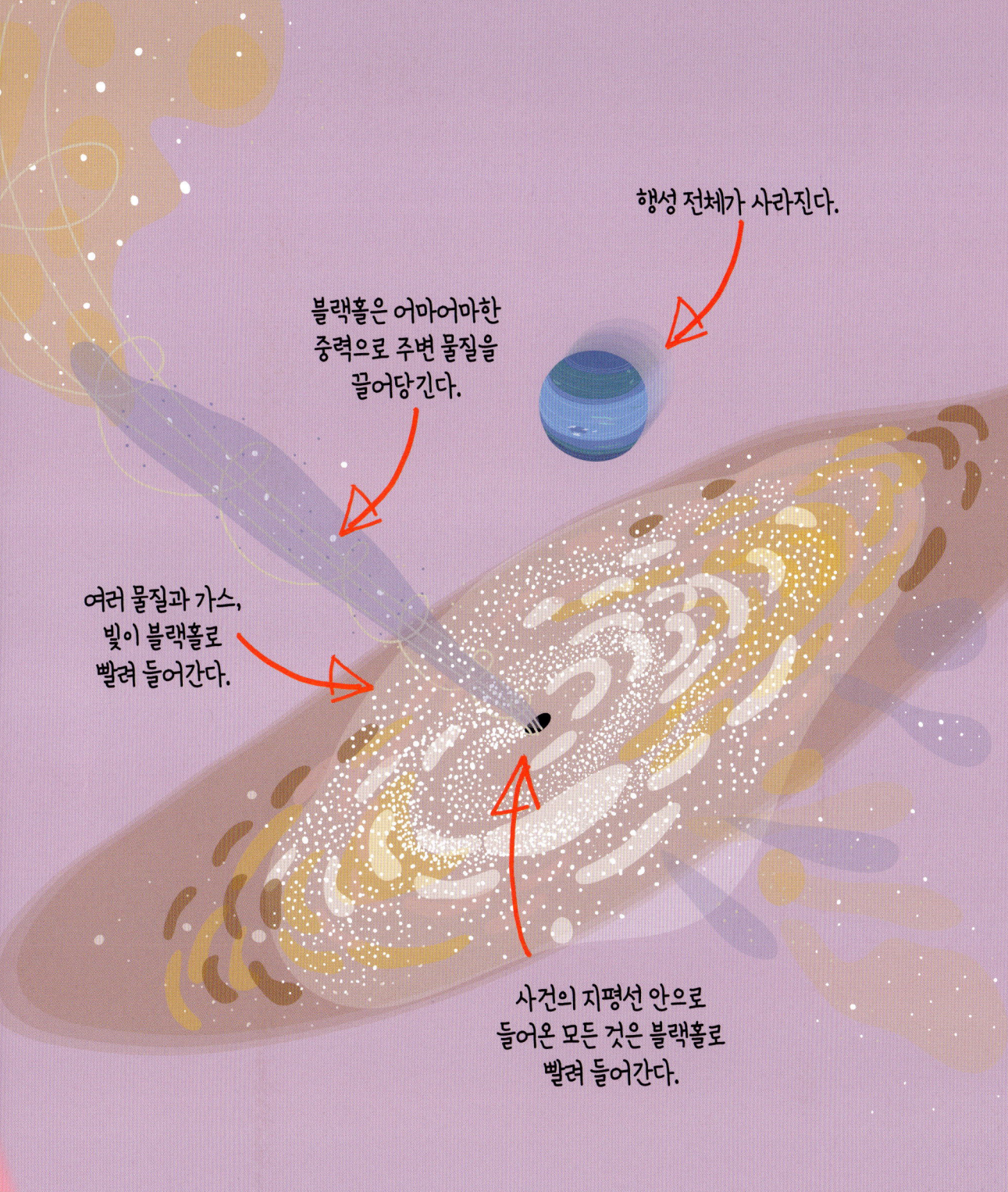

한눈에 보는 지식
22 외계인은 진짜 있을까?

지구 밖에도 생명체가 살고 있을까요? 아무도 확실하게 알지 못합니다. 천문학자들은 태양계와 그 너머까지 샅샅이 조사했지만, 아직 외계인을 찾지 못했습니다.

우주는 상상할 수 없을 정도로 어마어마하게 크다는 것을 생각해 보세요. 과연 단 하나의 은하에 단 하나의 작은 행성에만 생명체가 산다고 생각하는 것이 맞을까요?

어마어마하게 큰 우주에서 외계인을 찾기란 무척이나 힘든 일입니다. 몇몇 연구 단체는 외계인의 흔적을 찾기 위해 전파 망원경에서 잡은 신호를 열심히 분석하고 있습니다. 또한 외계인에게 지구에 사는 우리를 알리기 위해 지구와 인간에 관한 중요한 정보를 담은 전파를 우주에 쏘아 올리기도 합니다.

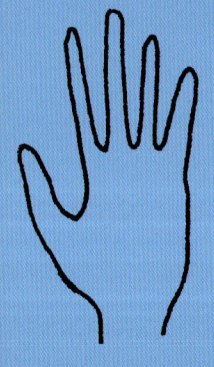

외계인을 찾는 사람들은 외계 행성이 잇달아 발견되면서 무척 흥분하고 있습니다. 외계 행성은 태양계 밖에 있는 별의 둘레를 도는 행성입니다. 2022년을 기준으로 4,650개가 넘는 외계 행성을 찾았습니다. 그중 생명체가 살 수 있는 환경을 가진 곳이 있을까요?

한줄요약
외계인은 아직 발견되지 않았습니다. 공식적으로는요.

외계인에게 어떻게 메시지를 보낼까?
여러분이 우주에 있는 외계인에게 보낼 메시지를 만든다고 생각해 보세요. 어떤 정보를 담고 싶나요? 어떤 방식으로 보여주고 싶나요?
외계인은 지구에서 사람들이 쓰는 언어를 모를 것입니다. 기호, 부호, 그림을 이용해서 인간, 지구, 지구의 위치를 알려 주세요.

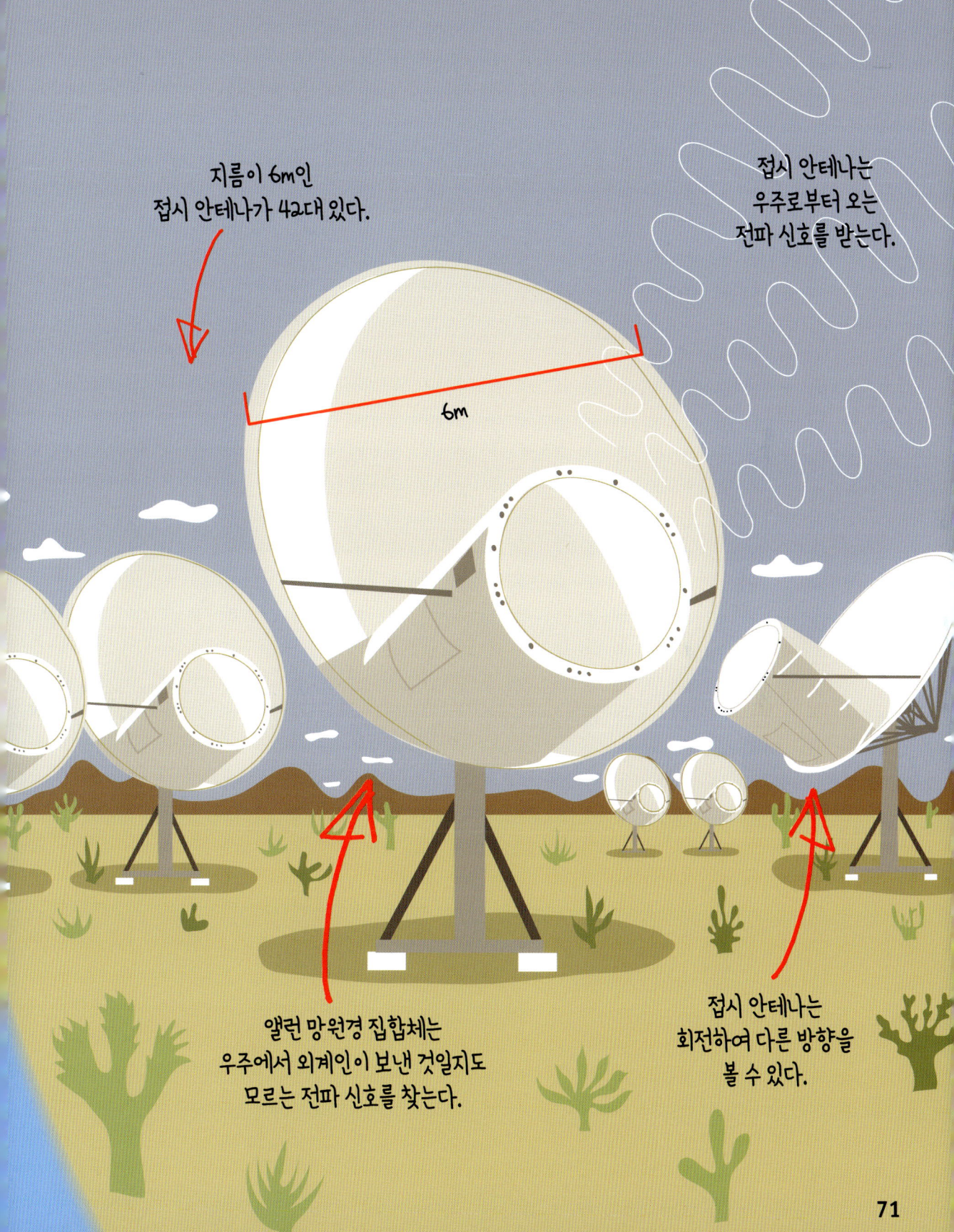

우주 관찰하기

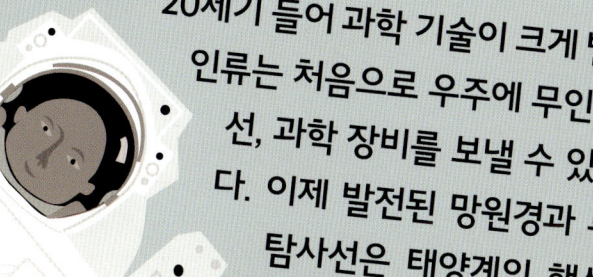

망원경이 발명되기 전, 과학자들은 별과 행성에 관해 아는 것이 많이 없었습니다. 16세기에 과학자들이 망원경을 사용하면서 천체를 좀 더 자세히 관찰할 수 있게 됐습니다.

20세기 들어 과학 기술이 크게 발전하면서 인류는 처음으로 우주에 무인 우주 탐사선, 과학 장비를 보낼 수 있게 됐습니다. 이제 발전된 망원경과 무인 우주 탐사선은 태양계의 행성과 위성들에 관한 자세한 정보를 우리에게 알려 주고 있습니다.

우주 관찰하기
읽기 전에 알아두기

광학 망원경 물체가 반사하는 빛을 모아 우주에 있는 천체를 더 크게 관찰할 수 있는 망원경.

구경 망원경에서 천체의 빛을 받는 구멍의 크기.

굴절 망원경 여러 개의 렌즈를 사용하여 빛을 굴절시켜 한곳에 모아 우주의 모습을 더 크게 관찰할 수 있는 망원경.

궤도 행성 또는 천체가 다른 행성이나 별의 둘레를 돌 때 그리는 곡선 경로. 궤도를 돈다는 것은 다른 행성이나 별의 둘레를 움직인다는 것이다.

대기 행성을 둘러싸고 있는 기체의 혼합물.

무인 우주 탐사선 사람이 타지 않은 우주선. 우주의 정보를 모아서 지구로 보낸다.

무중력 중력이 없는 것처럼 보이는 상태. 이때 물체의 무게는 0이다.

미소 유성체 우주 공간을 떠다니는 아주 작은 암석 입자. 유성진이라고도 한다.

반사 망원경 여러 개의 거울을 사용하여 물체에서 오는 빛을 모아 우주의 모습을 더 크게 관찰할 수 있는 망원경.

부스터 다단 로켓의 1단을 가리키거나 로켓 몸체 옆에 장착된 보조 로켓을 가리키는 말. 로켓을 발사하는 데 사용되고 연료를 다 쓰고 나면 분리된다.

블랙홀 중력이 너무나 강해서 빛을 포함한 그 어떤 것도 빠져나올 수 없는 우주의 한 영역.

산화제 산소를 방출하는 화학 물질.

성운 먼지와 가스로 이루어진 거대한 구름. 어떤 성운에서는 별이 만들어진다.

시속 킬로미터(km/h) 속도 측정 단위. 1시간 동안 이동한 거리를 km로 나타낸다.

안테나 전파를 받거나 내보내기 위해 전선이나 길게 뻗은 금속으로 만든 장비.

연소 물질이 산소와 결합하여 열과 빛을 내는 화학 반응.

외계 행성 태양계 밖에 있는 다른 행성계의 행성.

유인 기동 장치(MMU) 소형 로켓 엔진으로 움직이는 우주 유영 장비. 우주 비행사가 배낭처럼 메고 우주 공간을 자유롭게 떠다닐 수 있도록 도와준다.

은하 별, 먼지, 가스 구름, 행성이 모여 있는 천체. 우리은하는 은하수라고도 부르며, 이곳에는 태양과 행성, 그 밖의 다른 별들이 많이 있다. 우리가 망원경 없이 맨 눈으로 볼 수 있는 별들은 모두 우리은하에 속해 있다.

인공위성 지구나 달, 다른 행성 둘레를 돌도록 로켓으로 쏘아 올린 장치. 통신, 연구 등 다양한 목적에 쓰인다.

전파 긴 파장을 가지고 있는 전자기파의 하나. 지구에서는 통신에 사용되고 있다. 우주의 많은 천체들이 전파를 방출하고 있다.

제2형 초신성 수명을 다한 별이 갑자기 폭발하면서 매우 밝게 빛나며 엄청난 에너지를 방출하는 것.

중력 우주의 천체들이 서로 끌어당기는 힘. 지구에서는 중심 방향으로 끌어당기기 때문에 물체가 땅으로 떨어진다.

중성자별 밀도가 엄청나게 높은 별의 한 종류.

증폭기 소리나 전파 신호를 더 강하고 크게 만들어 주는 장비.

천문학자 태양, 달, 별, 행성 그리고 우주 전체를 연구하는 과학자.

태양 전지판 태양의 빛 에너지를 전기로 바꾸는 장치. 우주 정거장이나 몇몇 우주 탐사선에 붙여서 쓴다.

혜성 태양 둘레를 도는 얼음과 먼지로 이루어진 작은 천체.

한눈에 보는 지식
23 광학 망원경

광학 망원경은 빛을 모아 천체를 관측할 수 있는 도구입니다. 광학 망원경의 종류로는 렌즈를 이용한 굴절 망원경, 거울을 이용한 반사 망원경이 있습니다. 처음 발명된 망원경은 굴절 망원경입니다. 굴절 망원경은 사람의 눈보다 훨씬 많은 빛을 모을 수 있습니다. 망원경 안으로 들어온 빛은 볼록 렌즈를 지나면서 굴절되어 망원경 안의 한 점에 모입니다. 그리고 두 번째 렌즈가 이를 크게 보이도록 합니다.

과학자들은 렌즈를 더 크게 만들면 천체를 더 자세히 볼 수 있다는 사실을 알게 됐습니다. 하지만 렌즈는 커질수록 무거워지고 만들기도 어렵습니다. 게다가 두꺼운 렌즈의 가장자리 때문에 렌즈에 맺힌 상이 여러 색으로 번져 보입니다. 과학자들은 굴절 망원경의 단점을 고친 새로운 망원경을 만들었습니다. 바로 구부러진 모양의 매끄러운 거울을 이용한 반사 망원경입니다. 반사 망원경은 엄청나게 크게 만들 수도 있습니다.

하와이에 있는 켁1과 켁2 망원경에는 각각 지름이 10m에 달하는 거울이 36개나 달려 있습니다. 이 망원경은 수백만 광년 떨어진 천체들을 발견할 수 있을 정도로 성능이 뛰어납니다. 과학자들은 켁 망원경을 사용하여 많은 외계 행성(멀리 떨어져 있는 별을 공전하는 행성들)을 발견했습니다.

한줄요약
광학 망원경은 우주에서 멀리 떨어져 있는 천체를 확대해서 보여 줍니다.

간단한 망원경 만들기
준비물 크기가 다른 돋보기 2개
실험 방법
① 돋보기를 한 손에 하나씩 들고, 큰 렌즈의 돋보기를 작은 렌즈의 돋보기 앞으로 가게 하세요.
② 해질 무렵이나 밤의 가로등 아래에서 물체를 향해 초점을 맞추세요.
③ 물체가 또렷하게 보일 때까지 렌즈 사이의 거리를 조절하세요.

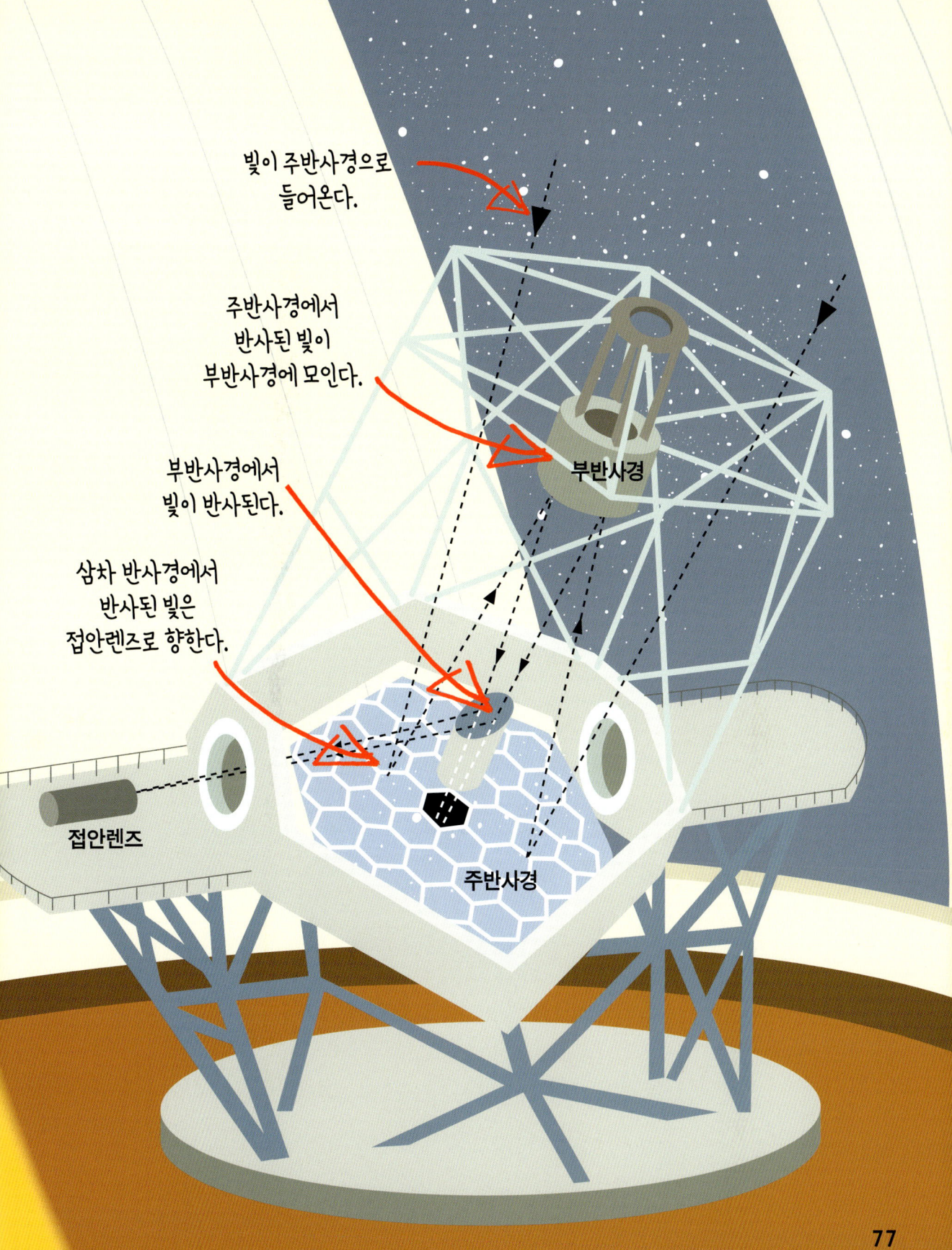

한눈에 보는 지식
24 전파 망원경

1930년대 초, 미국의 전파천문학자인 카를 잰스키가 우리은하에서 날아오는 전파를 처음으로 수신했습니다. 그가 수신한 전파는 궁수자리 A에서 날아온 것으로, 현재 블랙홀이라고 여겨지는 곳입니다.

그밖에도 우주의 가스, 자전하는 중성자별을 이르는 펄서, 몇몇 초신성 잔해에서도 전파가 수신되고 있습니다.

다른 천체에서 날아오는 전파를 수신할 때는 전파 망원경을 이용합니다. 전파 망원경으로 천체를 연구하면 그 천체의 구조와 움직임, 구성 물질 등을 알 수 있습니다.

전파 망원경은 광학 망원경과 달리 햇빛, 구름, 비 등의 영향을 받지 않습니다. 전파는 먼지를 뚫고 이동하기 때문에 뜨겁고 가스로 가득한 성운을 연구하는 데도 사용됩니다.

전파 망원경은 여러 대의 접시형 안테나를 연결하여 사용하는 경우가 많습니다.

거대한 접시 안테나

전파 망원경 중에는 그 자체가 거대한 접시 안테나인 것도 있습니다. 중국에는 세계 최대 전파 망원경 톈옌이 있습니다. 구경이 500m에 달하며 면적만 해도 축구장 30개를 합친 것만큼이나 크답니다. 2016년에 톈옌이 나오기 전까지는 1963년에 세워진 푸에르토리코의 아레시보 전파 망원경이 구경 350m로 가장 큰 전파 망원경이었습니다. 하지만 이 망원경은 여러 차례 자연재해를 입었고 결국 2020년에 무너져 내렸습니다.

한줄요약
전파 망원경은 우주의 천체에서 나오는 전파를 관측합니다.

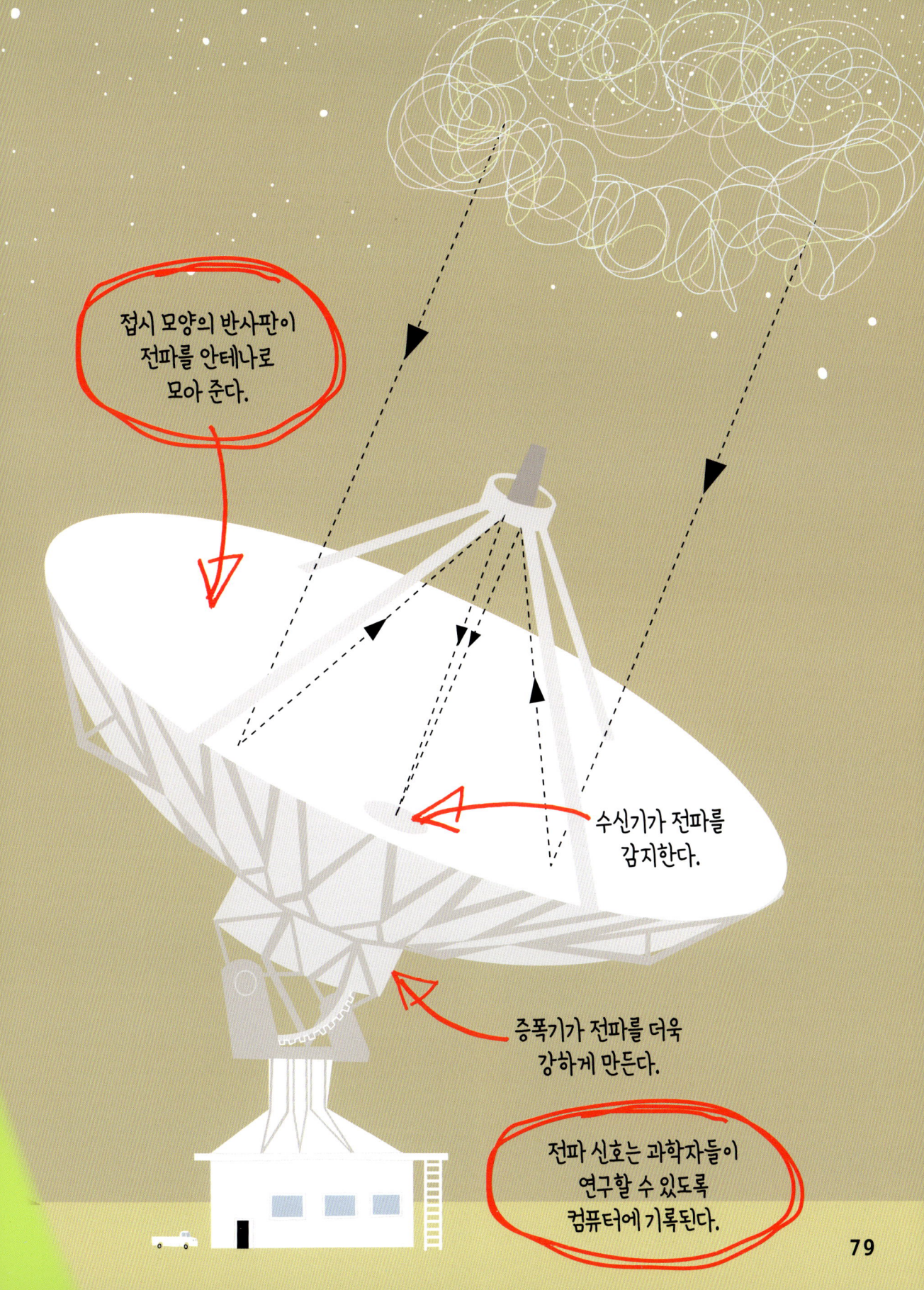

한눈에 보는 지식
25 우주 망원경

사람들이 광학 망원경으로 우주를 관찰할 때는 지구를 둘러싼 대기의 방해를 받습니다. 대기는 어떤 파장을 흡수하거나 빛을 산란시켜 망원경이 빛을 모으지 못하게 만들기 때문입니다. 만약 망원경이 우주에 있다면 아주 먼 곳에 있는 천체도 선명하게 볼 수 있습니다. 게다가 지구에서는 밤에만 천체를 관측할 수 있지만, 우주에서는 24시간 내내 천체를 관측할 수 있습니다.

허블 우주 망원경은 1990년에 발사되어 70만 장이 넘는 사진을 지구로 보내왔습니다. 1994년에는 혜성이 목성과 충돌하는 장면을 담기도 했답니다. 우리는 허블 망원경을 통해 이전에는 알지 못했던 우주의 모습을 볼 수 있었습니다. 허블 망원경은 초대질량 블랙홀을 발견했고, 처음으로 외계 행성의 사진을 찍었습니다.

허블 우주 망원경이 찍은 가장 유명한 사진은 '허블 울트라 딥 필드'입니다. 이 사진은 2003년부터 2004년까지 찍은 사진들을 합친 것으로, 1만 개가 넘는 은하의 모습이 담겨 있습니다. 그중에는 130억 광년이나 떨어져 있는 은하도 있습니다. 다시 말해 130억 년 전의 은하 모습입니다. 과학자들은 우주가 138억 년 전에 탄생했다고 보고 있기 때문에 이 은하는 탄생한 지 10억 년이 지나지 않은 것입니다.

허블 우주 망원경의 후계자, 제임스 웹 우주 망원경

허블 우주 망원경은 우주에서 30년을 머물며 총 여덟 번을 수리했습니다. 그동안 과학자들은 허블 망원경이 고장 날 때를 대비하여 2002년에 '제임스 웹 우주 망원경'을 개발하기 시작했습니다. 그리고 2021년 12월 25일 크리스마스에 우주로 발사했습니다. 제임스 웹 우주 망원경은 허블 우주 망원경보다 강력한 성능을 갖추고 있습니다. 허블보다 훨씬 먼 곳에서 태양을 공전하며 여러 별과 은하의 모습을 관찰할 것으로 기대하고 있습니다.

한줄요약
우주 망원경은 시공간을 넘어 우주 곳곳의 모습을 선명하게 보여 줍니다.

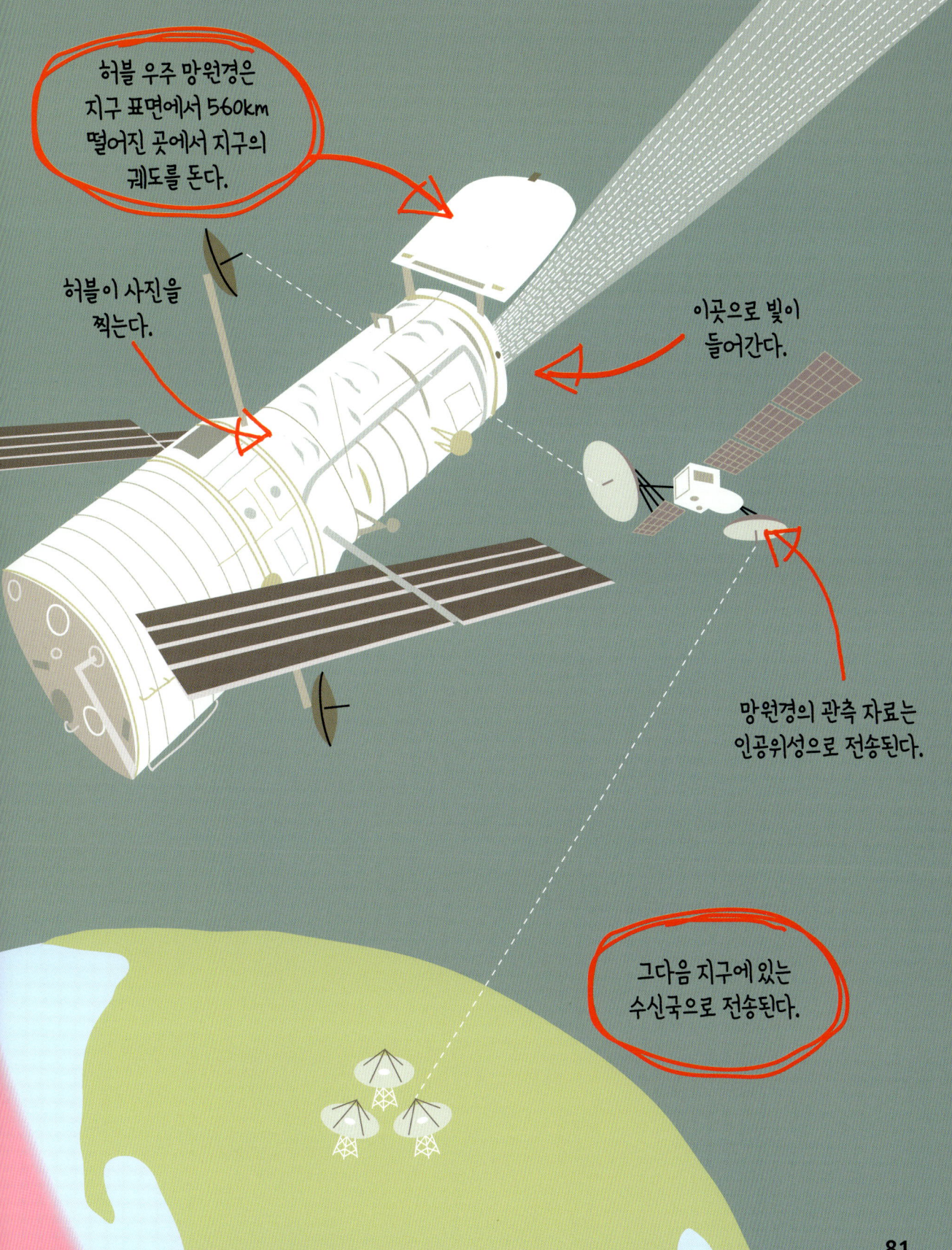

한눈에 보는 지식
26 로켓

우주선이 지구의 중력을 이겨 내고, 우주로 올라가기 위해서는 엄청난 힘이 필요합니다. 로켓은 우주선이나 인공위성을 우주로 쏘아 올릴 수 있도록 도와주는 발사체입니다.

우주에는 연료를 태울 산소가 없습니다. 따라서 로켓 엔진에는 연료 말고도 산소를 만들 수 있는 화학 물질인 산화제가 필요합니다. 연료와 산화제가 거대한 연소실에서 섞이면 연소 반응이 일어나 엄청난 양의 가스가 만들어집니다. 이 가스가 빠르게 엔진의 배기관 아래로 분출되면 로켓은 그 반대 방향, 즉 위로 솟구쳐 날아갑니다.

어떤 발사체는 부스터라고 불리는 보조 로켓을 사용합니다. 부스터는 로켓이 발사된 뒤에 연료를 모두 쓰면 무게를 줄이기 위해 바로 떨어져 나옵니다. 어떤 발사체는 2단 또는 3단 로켓 엔진을 가지고 있습니다. 각 단계의 로켓이 연료를 모두 쓰면 차례로 떨어져 나옵니다.

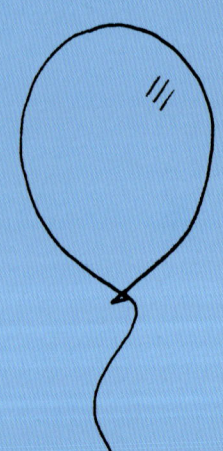

한줄요약
로켓 엔진은 발사체가 우주로 날아갈 수 있도록 합니다.

로켓 발사하기
준비물 길쭉한 풍선, 빨대, 테이프, 실, 도와줄 친구 한 명
실험 방법
① 길쭉한 풍선에 공기를 불어 넣고, 그 끝을 묶지 말고 집게로 고정합니다.
② 빨대에 긴 실을 꿴 뒤, 빨대를 풍선 옆에 테이프로 붙입니다.
③ 실 끝부분을 바닥에 테이프로 고정하고, 친구에게 다른 쪽 실의 끝부분을 최대한 높게 들어 달라고 합니다.
④ 풍선을 맨 아래 두고 집게를 풉니다.
⋯ 로켓이 발사됩니다!

로켓 엔진은 연료와 산화제를 싣고 있다.

새턴 5호 로켓은 발사한 지 168초 만에 지구 67km 상공에 도달했다.

연료

연료와 산화제가 섞이면 연소 반응이 일어나 폭발이 생긴다.

산화제

노즐 밖으로 가스가 빠르게 분출된다.

연소실

아래로 밀어내는 가스의 힘 때문에 로켓이 위로 솟구칠 수 있다.

83

한눈에 보는 지식
27 무인 우주 탐사선

어떤 무인 우주 탐사선은 행성이나 달의 궤도를 돌거나 착륙하기도 합니다. 어떤 무인 우주 탐사선은 소행성이나 혜성 근처를 비행하기도 합니다. 이 탐사선들은 여러 과학 장비를 이용하여 정보를 모으고 사진을 찍습니다. 그런 다음 빛의 속도로 이동하는 전파를 통해 지구로 보냅니다.

사람이 타고 있지 않은 대부분의 무인 우주 탐사선은 지구로 다시 돌아오지 않습니다. 우주 탐사선은 우주에서 망가지거나 고장이 나서 더 이상 임무를 수행할 수 없을 때까지 지구로 자료를 보냅니다.

간혹 지구로 다시 돌아오는 무인 우주 탐사선도 있습니다. 1999년에 발사된 스타더스트 탐사선은 혜성 꼬리에서 먼지를 채집했습니다. 그리고 2006년에 지구 근처로 돌아와서 혜성의 샘플이 담긴 캡슐을 낙하산에 실어 지구로 떨어뜨렸습니다.

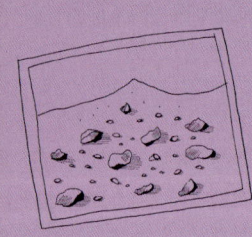

미국 항공 우주국(NASA)은 2003년에 화성 탐사 로버 스피릿과 오퍼튜니티를 화성으로 보냈습니다. 로버는 외계 행성의 표면을 돌아다니며 탐사하는 로봇입니다. 스피릿은 6년 2개월, 오퍼튜니는 14년 5개월 동안 화성을 돌아다니며 수집한 자료들을 지구로 보냈습니다. 지금은 큐리오시티, 퍼서비어런스, 주룽이 화성 표면을 돌아다니며 임무를 수행하고 있습니다.

한줄요약
무인 우주 탐사선은 태양계를 탐사합니다.

우주 탐사선 퀴즈
다음은 우주 탐사선에 관한 설명입니다. 무슨 탐사선일까요?
① 1977년에 천왕성과 해왕성을 탐사하기 위해 발사된 2대의 탐사선입니다. 인류 역사상 가장 먼 거리를 항해하며 태양계의 사진들을 보내 주고 있습니다.
② 1997년에 토성과 위성들을 탐사하기 위해 발사됐습니다. 토성의 위성을 더 발견하고 토성의 고리에 관한 많은 사실을 알아냈습니다.
③ 1969년에 발사된 유인 우주 탐사선입니다. 이 탐사선에 탄 우주인이 처음으로 달에 발을 내딛는 데 성공했습니다.

정답은 95쪽에 있습니다.

카메라는 탐사선이 화성 주위를 돌면서 길을 찾도록 해 준다.

나사가 발사한 다섯 번째 화성 탐사 로버 퍼서비어런스.

하부에는 비행 드론이 장착되어 있다. 퍼서비어런스의 내비게이션 역할을 하면서 생명체의 흔적을 찾아낸다.

로봇 팔은 흙을 파고 암석에 구멍을 뚫어 샘플을 채취한다.

이전에 발사되었던 로버들보다 더 두껍게 설계된 6개의 바퀴가 있다.

85

한눈에 보는 지식
28 무중력 상태

우주 비행사들은 국제 우주정거장과 같은 우주선에서 오랜 시간 머물기도 합니다.

우주에서의 생활은 사람의 몸에 큰 영향을 미칩니다. 지구에 있으면 중력이 우리의 몸을 땅으로 잡아당기지만, 우주에서 궤도를 돌면 무중력 상태를 경험할 수 있습니다.

왜 우주선에서는 무중력 상태가 될까요? 지구가 우주정거장을 끌어당기는 중력과 우주정거장이 지구 궤도 밖으로 빠져나가려는 힘이 같아지기 때문입니다. 그래서 우주 비행사들은 등뼈 사이 사이에 있는 공간이 늘어나서 키가 살짝 커진답니다!

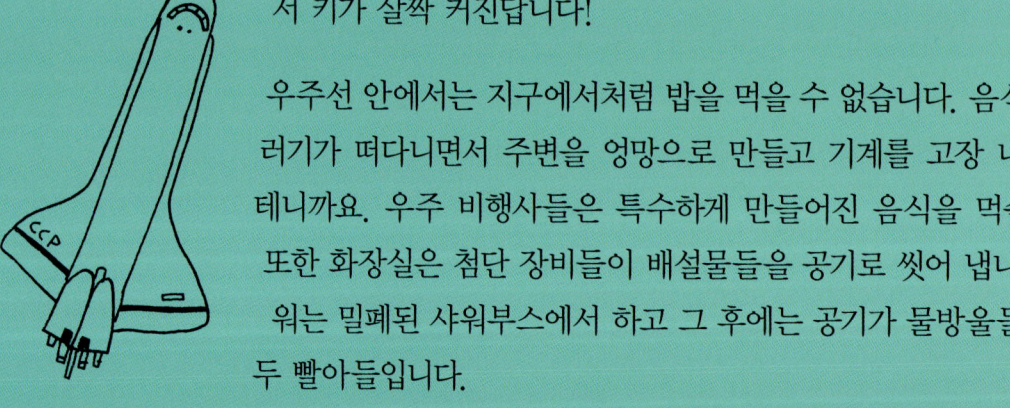

우주선 안에서는 지구에서처럼 밥을 먹을 수 없습니다. 음식 부스러기가 떠다니면서 주변을 엉망으로 만들고 기계를 고장 내고 말테니까요. 우주 비행사들은 특수하게 만들어진 음식을 먹습니다. 또한 화장실은 첨단 장비들이 배설물들을 공기로 씻어 냅니다. 샤워는 밀폐된 샤워부스에서 하고 그 후에는 공기가 물방울들을 모두 빨아들입니다.

한줄요약
우주에서는 무중력 상태를 경험할 수 있습니다.

우주 비행사의 업적 찾기

다음 우주 비행사가 이룩한 업적을 찾아 줄을 이어 보세요.

라이카 · · 최초의 우주인(1961년)
세르게이 크리칼레프 · · 최초의 여성 우주비행사(1963년)
발렌티나 테레시코바 · · 최장 시간 우주 체류
유리 가가린 · · 최초의 우주 유영(1965년)
알렉세이 레오노프 · · 세계 최초로 우주에 간 개(1957년)

→ 92, 93쪽을 읽고 풀어 봐요.

정답은 95쪽에 있습니다.

한눈에 보는 지식
29 우주복

우주 공간은 사람에게 무척 위험한 곳입니다. 미소 유성체라고 불리는 아주 작은 입자들은 피부를 찢을 정도로 빠르게 날아다닙니다. 우주에는 공기도 없습니다. 해가 비치면 타들어 갈 듯이 뜨겁고, 그늘이 지면 얼어붙을 듯이 춥습니다.

현대 우주선 안에는 공기가 들어 있습니다. 그래서 우주 비행사들은 우주선 안에서는 평상복을 입고 지낼 수 있습니다. 다만 지구에서 우주선이 이륙할 때나 우주선 밖으로 나갈 때는 우주복을 입습니다.

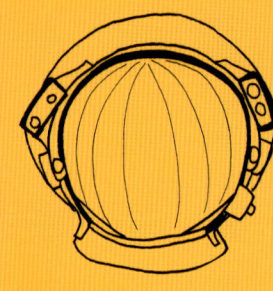

우주 비행사들이 우주복을 입기 전에 흡수가 아주 잘 되는 첨단 소재로 만든 성인용 기저귀를 차야 합니다. 우주에는 화장실이 없기 때문입니다! 그 위에 차가운 물을 순환시켜 체온을 낮춰 주는 특수한 내복을 입습니다. 또 무선 신호를 주고받거나 우주 비행사의 건강 상태를 확인할 수 있는 전기 신호 감지기를 몸에 두릅니다.

우주복은 보통 하얀색입니다. 태양의 열에너지를 반사하기 위해서입니다. 또한 아주 두껍습니다. 우주를 날아다니는 미소 유성체로부터 몸을 보호해야 하기 때문입니다. 등 부분에는 생명 유지 장치가 붙어 있는데, 이 장치는 우주복 내부의 온도를 조절하고 산소와 전기를 공급해 줍니다.

한줄요약
우주복은 우주 비행사를 위한 완벽한 생명 유지 장치입니다.

우주 유영
우주 비행사들은 우주 실험을 하거나 인공위성 또는 우주선을 수리하기 위해 우주선 밖으로 나가기도 합니다. 이를 우주 유영이라고 합니다. 우주로 나간 우주 비행사는 보통 생명줄로 우주선과 이어져 있습니다. 1984년에는 등에 짊어진 배낭처럼 생긴 유인 기동 장치(MMU)로 우주 비행사들이 우주를 자유롭게 날아다니기도 했습니다. 하지만 이 장치는 매우 위험해서 우주 비행사가 정말 위급한 상황에 처했을 때만 써야 합니다.

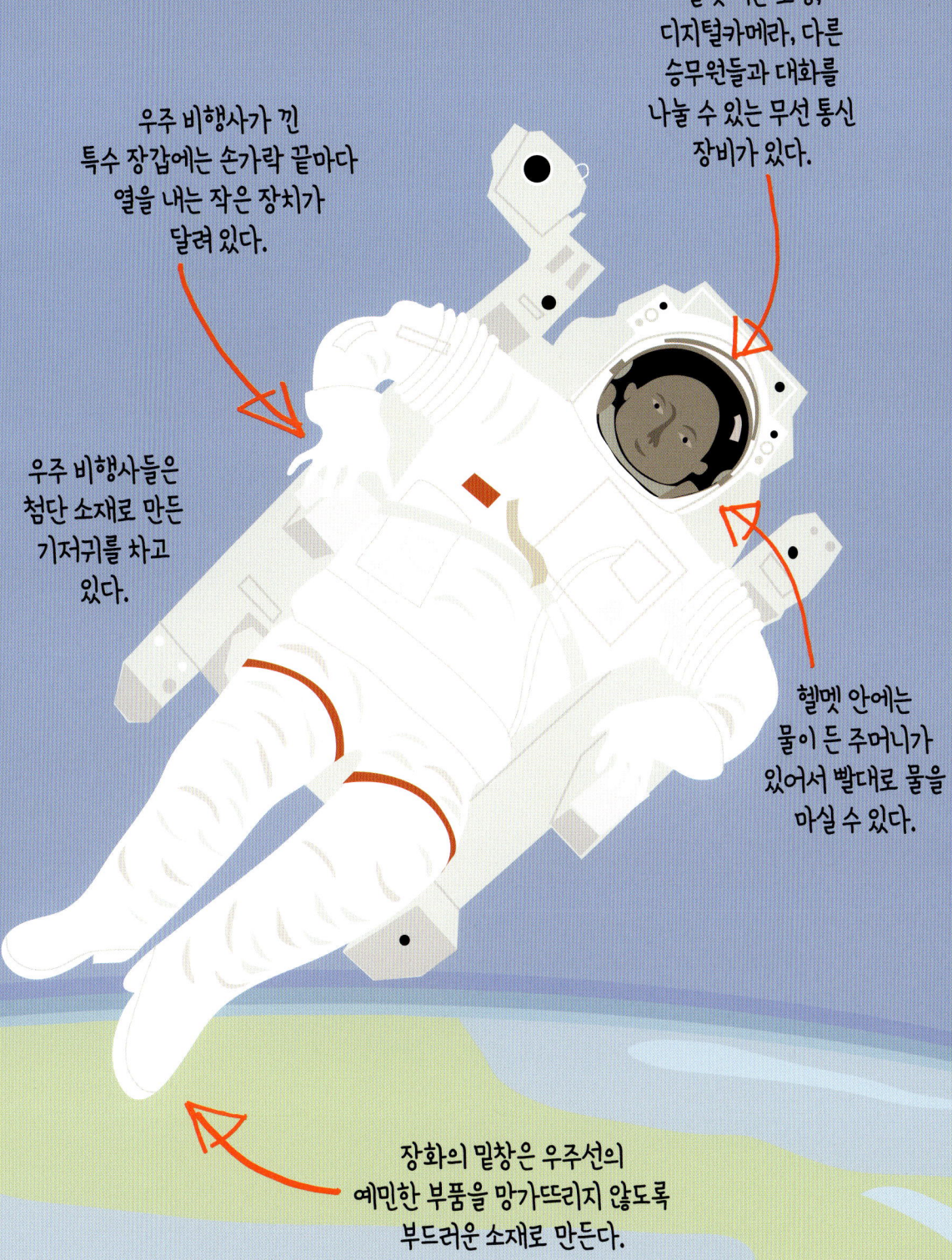

한눈에 보는 지식
30 국제 우주정거장

국제 우주정거장은 지금까지 발사된 우주정거장 가운데 가장 규모가 큽니다. 1986년에 발사된 러시아의 미르 우주정거장보다 4배나 더 크답니다. 1998년부터 수십 차례 쏘아 올린 우주 왕복선과 유인 및 무인 화물선 등이 싣고 온 모듈을 조립해서 만들었습니다.

국제 우주정거장은 날개처럼 펼쳐진 거대한 태양 전지를 이용해 전력을 공급 받습니다. 태양 전지판 날개의 면적은 각각 300m²가 넘고, 3만 2,800개의 태양 전지로 이루어져 있습니다. 이것으로 태양의 빛 에너지를 전기로 바꿉니다.

국제 우주정거장 안에는 승무원을 위한 주거실, 방문한 우주선과 도킹하는 연결 장치, 화장실 2개, 체육관, 수많은 작업실, 여러 공구와 보급품을 보관하거나 실험을 하기 위한 공간이 있습니다.

국제 우주정거장에서는 수백 가지의 다양한 과학 실험이 수행되고 있습니다. 무중력 상태가 물질이나 생명체에 미치는 영향을 연구하고, 우주에서 지구의 모습을 관찰하고, 인체에 어떤 변화가 일어나는지 등을 연구하고 있습니다.

한줄요약
축구 경기장 크기인 우주정거장은 400km 상공에서 지구를 공전하고 있습니다.

국제 우주정거장에 관해 더 알아보기

참여국 미국, 러시아, 일본, 캐나다, 유럽 우주국
길이 74m
너비 110m
공전 속도 약 시속 27,700km
발사체 41회(2021년 기준)
이동 거리 280만 km 이상
최초의 승무원 미국항공우주국의 빌 셰퍼드, 러시아 연방우주국의 세르게이 크리칼레프, 유리 기젠코 3명이 136일 동안 우주정거장에 머물렀습니다.
운영 기간 2030년 예상

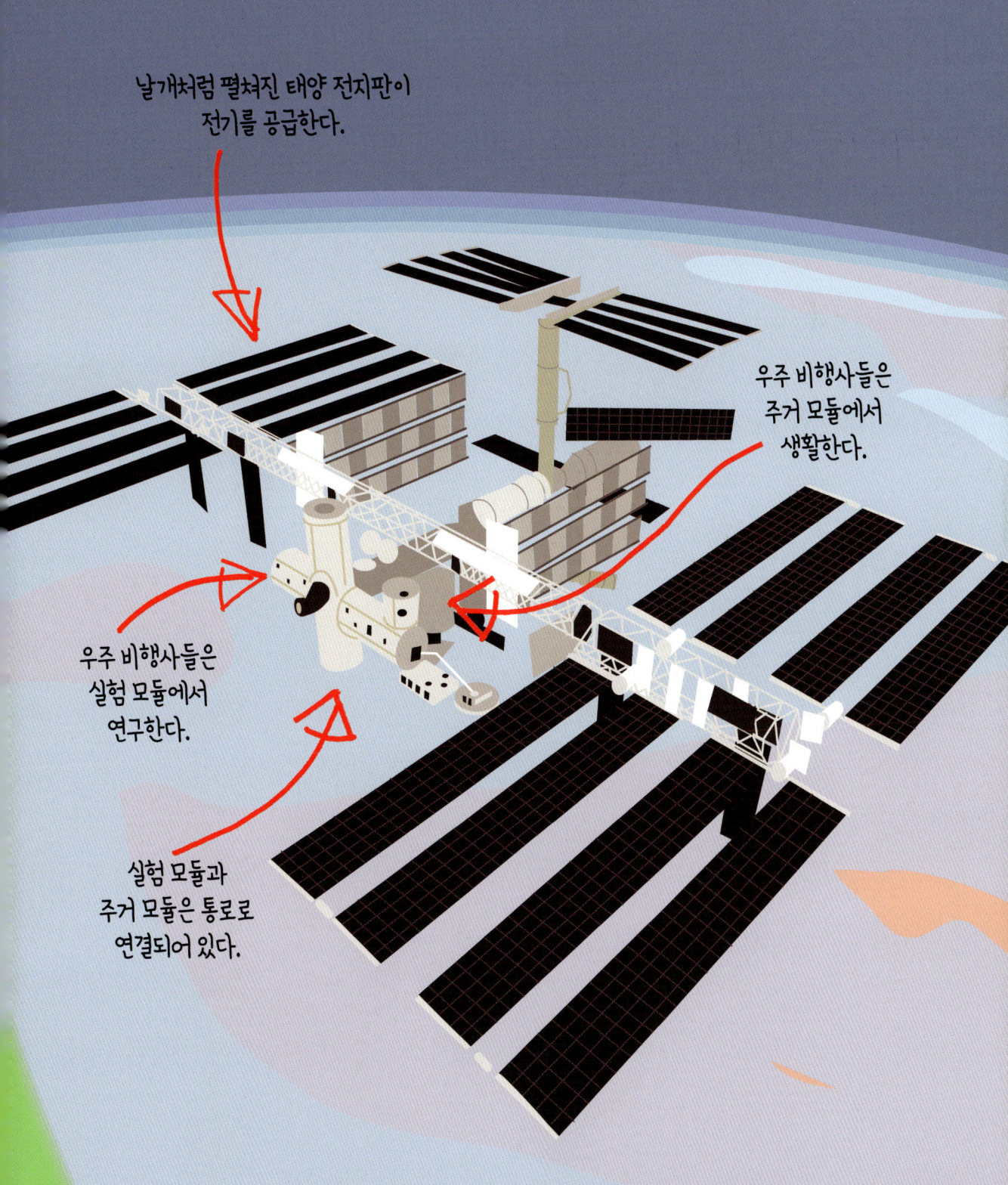

지식 플러스
우주 개척의 새로운 기록들

제2차 세계 대전이 끝날 무렵, 미국과 소련은 가장 강한 나라로 떠올랐습니다. 하지만 두 나라 사이는 급격히 나빠져서 금방이라도 또다시 전쟁이 일어날 만큼 아슬아슬했습니다. 다행히 전쟁이 일어나지는 않았지만, 우주 개발을 통해 서로 경쟁했습니다.
우주 개발은 미국과 소련의 힘겨루기로 시작되었지만, 현대 과학기술 발전에 큰 기반이 됐습니다. 오늘날에는 우리나라를 포함한 여러 나라와 기업들이 우주 개발에 힘쓰고 있습니다.

세계 최초의 인공위성, 스푸트니크 1호

1957년 10월, 소련이 세계 최초로 지구 밖으로 쏘아 올린 인공위성입니다. 스푸트니크는 러시아어로 '여행 친구'라는 뜻입니다. 금속으로 된 공 모양에 4개의 안테나가 달려 있었고, "삐…삐…삐…"라는 소리를 전 세계에 전송했습니다.

▶ 스푸트니크

세계 최초로 우주로 간 개, 라이카

스푸트니크 1호가 발사되고 한 달 뒤, 스푸트니크 2호가 만들어졌습니다. 소련 과학자들은 생물체를 실은 우주선을 만들 수 있는지 실험하고 싶었습니다. 그래서 떠돌이 개들을 데려와 수개월 훈련을 시켰는데, 그중 '라이카'라는 개를 뽑아 우주로 보냈습니다. 하지만 라이카는 발사된 지 몇 시간 만에 엄청난 속도와 고온으로 인한 스트레스로 죽음을 맞이하고 말았습니다. 라이카는 미국과 소련의 우주 경쟁에서 희생된 여러 동물 중 하나였습니다.

▲ 라이카 기념우표

세계 최초의 우주인, 유리 가가린

사람을 태우고 우주로 나간 최초의 우주선은 1961년 4월에 발사된 보스토크 1호입니다. 그리고 이 우주선에 탑승한 세계 최초의 우주인은 소련 군인 출신의 유리 가가린입니다. 보스토크 1호는 1시간 40분가량 지구 주위를 돌다가 안전하게 지구로 돌아왔습니다. 가가린은 "우주는 매우 어두웠지만, 지구는 푸른빛이었다!"라는 말을 남겼다고 합니다.

▲ 유리 가가린

세계 최초의 여성 우주 비행사, 발렌티나 테레시코바

1963년 6월, 소련이 발사한 보스토크 6호에는 여성 조종사가 타고 있었습니다. 바로 공장에서 일하는 평범한 노동자인 발렌티나 테레시코바입니다. 그녀는 스카이다이빙을 매우 잘하는 덕분에 세계 최초의 여성 우주비행사로 뽑혔습니다. 당시 우주선은 지구로 돌아올 때 비행사가 지상 6km 상공에서 낙하산으로 탈출해야 했기 때문이었습니다. 그녀는 1년 동안 훈련을 받은 후 보스토크 6호를 타고 70여 시간의 우주비행에 성공했습니다.

세계 최초로 우주를 떠다닌 알렉세이 레오노프

1965년 3월, 보스호트 2호에 탔던 알렉세이 레오노프가 우주선 밖으로 조심스럽게 나왔습니다. 그는 12분 동안 생명줄에 매달려 우주를 헤엄쳐 다녔습니다. 이로써 인류 최초로 우주 유영을 한 사람이 됐습니다. 하지만 우주 유영을 끝내고 다시 우주선으로 돌아갈 때 큰 위기에 맞닥트렸습니다. 우주복이 풍선처럼 부풀어 올라 우주선으로 다시 들어갈 수가 없었습니다. 그는 한참을 우주복과 씨름한 결과 우주복의 공기를 빼내어 겨우 우주선으로 돌아갈 수 있었습니다.

▲ 알렉세이 레오노프

지식 플러스
우주 개척의 새로운 기록들

세계 최초로 달에 착륙한 유인 우주선, 아폴로 11호

▲ (왼쪽에서 오른쪽) 닐 암스트롱, 마이클 콜린스, 버즈 올드린

소련이 인류 최초로 인공위성을 우주로 쏘아 보내자 미국은 충격을 받았습니다. 소련은 자기들보다 과학 기술이 뒤처진 나라라고 생각했기 때문입니다. 미국은 소련보다 앞서기 위해 미국 항공 우주국(NASA)을 세우고 우주 개발 계획을 적극적으로 추진했습니다. 하지만 소련이 세계 최초의 유인 우주선까지 발사하자 미국은 자존심이 크게 상하고 말았습니다. 당시 미국의 대통령이었던 존 F. 케네디는 "우리는 10년 안에 달에 갈 것이다!"라고 선포했습니다. 그 결과 1969년 7월, 전 세계 사람들이 지켜보는 가운데 아폴로 11호가 무사히 달 표면에 착륙하는 데 성공했습니다. 이 우주선에는 닐 암스트롱과 마이클 콜린스, 버즈 올드린 세 사람이 타고 있었습니다. 닐 암스트롱은 인류 최초로 달에 발을 디디며 "이 걸음은 한 인간에게 작은 한 걸음이지만, 인류에게는 위대한 도약이다."라고 말했습니다.

가장 우주에 오래 머무른 세르게이 크리칼레프

1986년 2월, 소련은 우주정거장 미르호를 발사해 우주에 올려놓았습니다. 1991년 5월, 세르게이 크리칼레프는 우주정거장을 수리하기 위해 우주로 떠났습니다. 그가 우주정거장에 머무는 동안 소련이 무너지고 러시아가 들어섰는데, 러시아는 그를 지구로 데려오기 위해 당장 우주선을 보낼 수 없었습니다. 결국 예정일보다 150여 일이 지난 1992년 3월에 지구로 돌아올 수 있었습니다. 크리칼레프는 그 후에도 여러 번 우주정거장을 다녀왔습니다. 2005년 여섯 번째로 우주여행을 할 때까지 그는 803일 9시간 39분을 우주에 머문 기록을 세웠습니다. 지금까지도 인간이 가장 오랫동안 우주에 머문 기록으로 남아 있습니다.

▲ 세르게이 크리칼레프

세계 최초의 달 탐사선, 루나

소련은 1959년부터 1976년에 걸쳐 달 탐사 계획을 세워 루나 1호부터 루나 24호까지 총 24회에 걸쳐 무인 탐사선을 발사했습니다. 그중 루나 3호는 처음으로 지구에서 보이지 않는 달의 뒷면을 촬영하는 데 성공했습니다. 이후 루나 9호는 무사히 달에 착륙하여 세계 최초로 지구가 아닌 다른 천체에 착륙한 탐사선이 됐습니다.

세계 최초로 우주로 나간 우주 왕복선, 컬럼비아호

지금까지 우주로 쏘아 올린 우주선들은 한 번밖에 사용하지 못했습니다. 미국 항공 우주국(NASA)에서는 연구를 거듭한 끝에 지구에 다시 돌아올 수 있는 우주 왕복선을 만들었습니다. 이 우주선은 비행기처럼 활주로에 착륙할 수 있습니다. 세계 최초로 우주로 나간 우주 왕복선은 1981년 2월에 발사된 컬럼비아호입니다. 이후 챌린저호, 디스커버리호, 아틀란티스호, 엔데버호가 차례로 개발되어 국제 우주정거장을 건설하거나 고장 난 인공위성을 수리하는 등 다양한 임무를 수행했습니다. 하지만 우주선이 폭발하여 우주인이 사망하는 사고가 발생하기도 했습니다. 또한 우주선을 우주로 보내는 데는 어마어마한 비용이 들기 때문에 우주 왕복선은 2011년 마지막 임무를 끝으로 더 이상 볼 수 없게 됐습니다.

▶우주 왕복선 컬럼비아호

정답

64쪽
① 60X60X24=86,400
② 86,400X365.25=31,557,600(일)
2000억 개의 별을 세려면 31,557,600시간이 필요하고, 이것은 6,337.62년 동안입니다.

84쪽 ① 보이저 1호와 2호 ② 카시니 하위헌스호 ③ 아폴로 11호

86쪽
라이카 — 세계 최초로 우주에 간 개(1957년)
세르게이 크리칼레프 — 최장 시간 우주 체류
발렌티나 테레시코바 — 최초의 여성 우주비행사(1963년)
유리 가가린 — 최초의 우주인(1961년)
알렉세이 레오노프 — 최초의 우주 유영(1965년)

초등학생을 위한 지식습관 ② 우주 30

글 | 클라이브 기포드 그림 | 톰 울리
옮김 | 송지혜 감수 | 이정모

1판 1쇄 인쇄 | 2022년 4월 15일
1판 1쇄 발행 | 2022년 5월 16일

펴낸이 | 김영곤
이사 | 은지영
영상사업1팀 | 김종민 윤규리
아동마케팅영업본부장 | 변유경
아동마케팅팀 | 김영남 원정아 이규림 고아라 이해림 최예슬 황혜선
아동영업1팀 | 이도경 오다은 김소연 **아동영업2팀** | 한충희 오은희
편집 | 꿈틀 이정아 이정화 **북디자인** | design S 손성희 **제작 관리** | 이영민 권경민

펴낸곳 | (주)북이십일 아울북
등록번호 | 제406-2003-061호 **등록일자** | 2000년 5월 6일
주소 | 경기도 파주시 회동길 201(문발동) (우 10881)
전화 | 031-955-2128(기획개발), 031-955-2100(마케팅·영업·독자문의)
팩시밀리 | 031-955-2421
브랜드 사업 문의 | license21@book21.co.kr
이미지 | 셔터스톡 85, 위키미디어공용 92, 93, 94, 95

ISBN 978-89-509-0003-8 74370
ISBN 978-89-509-0007-6 74370(세트)

Space in 30 Seconds
Text: Clive Gifford, Illustrations: Tom Woolley, Consultation: Dr Mike Goldsmith
Copyright © 2013 Quarto Publishing plc
First published in the UK in 2013 by Ivy Kids, an imprint of The Quarto Group.
All rights reserved.

Korean translation © 2022, Book21
This edition is published by arrangement with Quarto Publishing plc through KidsMind Agency, Korea.
이 책의 한국어판 저작권은 키즈마인드 에이전시를 통해 Quarto Publishing plc와 독점 계약한 북이십일에 있습니다.
신 저작권법에 의해 한국 내에서 보호를 받는 저작물이므로 무단전재와 복제를 금합니다.

• 잘못 만들어진 책은 **구입하신 서점**에서 교환해 드립니다.

• 제조자명 : (주)북이십일
• 주소 및 전화번호 : 경기도 파주시 회동길 201(문발동) / 031-955-2100
• 제조연월 : 2022. 5. 16
• 제조국명 : 대한민국
• 사용연령 : 3세 이상 어린이 제품